Ingeborg Bachmann
Mein erstgeborenes Land

SERIE PIPER
Band 1354

Zu diesem Buch

»In mein erstgeborenes Land, in den Süden/zog ich und fand, nackt und verarmt/und bis zum Gürtel im Meer,/Stadt und Kastell.« Seit einer ersten Reise im Jahr 1952 hat Italien Ingeborg Bachmann nicht mehr losgelassen. Zwölf Jahre lang hatte sie dort ihren festen Wohnsitz, meistens in Rom.
Dieser Band stellt Texte Ingeborg Bachmanns zusammen, die auf die eine oder andere Weise auf Italien Bezug nehmen. Sei es, wie in den Prosaskizzen »Was ich in Rom sah und hörte«, ganz ausdrücklich, oder, wie in vielen der Gedichte, nur erkennbar über die Bilder des Südens, über jene eigentümliche Verschmelzung von Gegenwärtigkeit und Geschichtlichkeit, die in keinem anderen Land so zu finden ist: »Da ist der Stein nicht tot./Der Docht schnellt auf,/wenn ihn ein Blick entzündet.«

Ingeborg Bachmann, geboren 1926 in Klagenfurt. Lyrikerin, Erzählerin, Hörspielautorin, Essayistin. Preise: Preis der Gruppe 47, Bremer Literaturpreis, Hörspielpreis der Kriegsblinden, Berliner Kritikerpreis, Georg-Büchner-Preis, Großer Österreichischer Staatspreis, Anton-Wildgans-Preis. Lebte nach Aufenthalten in München und Zürich viele Jahre in Rom, wo sie 1973 starb.

Gloria Keetman-Maier, geboren 1943, lebt als Malerin und Autorin in Bad Homburg.

Ingeborg Bachmann

Mein erstgeborenes Land

Gedichte und Prosa aus Italien

Herausgegeben von
Gloria Keetman-Maier

Piper
München Zürich

Der Text folgt der Werkausgabe:
Ingeborg Bachmann, Werke. Band 1–4; herausgegeben von
Christine Koschel, Inge von Weidenbaum, Clemens Münster
R. Piper & Co. Verlag, München/Zürich 1978

Von Ingeborg Bachmann liegen
in der Serie Piper bereits vor:

Hörspiele (139)
Frankfurter Vorlesungen (205)
Die Wahrheit ist dem Menschen zumutbar (218)
Das Honditschkreuz (295)
Die gestundete Zeit (306)
Anrufung des Großen Bären (307)
Liebe: Dunkler Erdteil (330)
Wir müssen wahre Sätze finden (1105)
Der Fall Franza. Requiem für Fanny Goldmann (1121)
Die Fähre (1182)
Simultan (1296)
Das dreißigste Jahr (1509)
Über Ingeborg Bachmann: Bilder aus ihrem Leben (658)
Kein objektives Urteil – nur ein lebendiges
Hrsg. von Christine Koschel und Inge von Weidenbaum (792)

Weitere Werke sind in Vorbereitung.

ISBN 3-492-11354-0
Neuausgabe August 1992

Umschlag: Federico Luci
Foto: Henes Maier
Gesamtherstellung: Clausen & Bosse, Leck
Printed in Germany

Zur Einführung

»Immer waren es Meer, Sand und Schiffe, von denen ich träumte« schreibt Ingeborg Bachmann von ihrer Kindheit, und daß sie gerne am Bahndamm lag, ihre Gedanken auf Reisen schickte. Geträumt wurde von allem, was »fremd und exotisch« ist, seit diese Begriffe in der Sprache existieren. Aber nur wenige haben aus solchen Träumen ein Leben werden lassen, die meisten Menschen blieben nur Zaungäste auf der Reise dorthin.

»Dorthin« geht für die österreichische Dichterin der Weg, hinter die Berge in den Süden, er hat unauslöschbare Spuren in ihrem Werk hinterlassen.

»Mein erstgeborenes Land« nennt sie Italien, dessen Sprache ihr bald so vertraut ist wie die eigene. Arkadische Landschaften, das südliche Licht und all die sichtbaren Zeichen einer jahrtausendealten Kultur mit Höhepunkten und Tragödien, dazu Menschen, die auf euphorisch-anarchische Weise den Tag angehen – Herausforderung und Inspiration für die Künstlerin. Diese existenzielle Atmosphäre prägt ihre Texte, Faszination, Zweifel, Hoffnung schwingen als Grundstimmungen durch Lyrik und Prosa, entwickeln vielfarbig von Licht bis Schatten Inszenierungen der Sprache, Musik des Lebens.

»...ich existiere nur, wenn ich schreibe, ich bin nichts, wenn ich nicht schreibe...«, diese Obsession ist nicht wegzudenken aus einer Biographie, in der Realität und künstlerischer Anspruch so ineinanderfließen, daß daraus eine kreative Einheit wächst. In dem Gedicht »Schwarzer Walzer« heißt es: »...Steinrumpf und Vogelschwinge suchen die Position/zum Pas de deux ihrer Nächte, lautlos mir zugewandt,/Venedig, gepfählt und geflügelt, Abend- und Morgenland!« Und in einem anderen liest man: »Leicht ruht der Pfeil der Zeit im Sonnenbogen./Wenn die Agave aus dem Felsen tritt,/wird über ihr dein Herz im Wind gewogen/und hält mit jedem Ziel der Stunde Schritt.«

Mit solchen Sprachbildern gewährt uns Ingeborg Bachmann Einblick in die eigenwillige Schönheit ihres erstgeborenen Landes. Sie selbst sagt, Italien habe sie gelehrt, Gebrauch von ihren Augen zu machen, hier sei sie »zum Schauen erwacht«, und weiter: »Da fiel mir Leben zu«.

Dieses Schauen bezieht sich bei der Dichterin gleichermaßen auf das Innen und Außen, literarisch eingefangene Stimmungen und Realitäten ergänzen sich zum »Brief in zwei Fassungen«, der Erzählung »Simultan«, oder sie verschlüsseln sich in Gedichten wie »Lieder auf der Flucht«, »Enigma«, »Nord und Süd«.

In Italien findet Ingeborg Bachmann zunächst auf Ischia und im Golf von Neapel die inspirierende Umgebung, aus der sich die ersten mediterranen Elemente ihrer neuen lyrischen Sprache entwickeln können. Dann zieht sie nach Rom, wo sie, mit kurzen Unterbrechungen, zwei Jahrzehnte lebt, schreibt, ein »geistiges Heimatgefühl haben kann«. Ihre Stadt, in der sie sich geborgen und frei fühlt, hat sie faszinierend portraitiert. Ob sie ein »Römisches Nachtbild« entwirft, erzählt, »Was ich in Rom sah und hörte« oder sich auf die Augustfeiertage in »Ferragosta« einläßt, immer ist es ihre ganz spezielle Art, die Dinge zu sehen, Aktualität und historische Fragmente miteinander zu verbinden.

Von Rom aus bereist die Dichterin Landschaften und Städte Italiens, läuft durch das vor Hitze dampfende Venedig, wo sie die geheimnisvolle Malerin Anna Maria wiedertrifft, der sie die Erzählung »Portrait von Anna Maria« widmet, läßt sich von rebenbewachsenen Hängen in der Toscana inspirieren, »Unter dem Weinstock« ins Traubenlicht zu sehen, vertieft sich in die landschaftliche Weite und die exotische Architektur »In Apulien«, und immer wieder zieht es sie ans Meer, dem »dunklen Wasser, tausendäugig«.

Für dieses Buch wurden Texte ausgewählt, die in direktem Bezug zur italienischen Umgebung Ingeborg Bachmanns stehen. Die literarische Arbeit der Dichterin während ihres Lebens in Italien konzentriert sich zwar nicht auf den südlichen Raum, aber in den hier zusammengetragenen Texten im Bereich von Lyrik und Prosa sind es gerade die mediterranen Elemente ihrer Sprache, die das poetische Geheimnis vertiefen.

Interessant ist auch, wie von ihr in manchen Prosatexten, so zum Beispiel den Erzählungen »Das dreißigste Jahr« und »Simultan«, Handlungsstränge eingeflochten werden, die sie in italienische Umgebungen verlegt. Diese Textpassagen sind im hier vorliegenden Band als Ausschnitte wiedergegeben.

Geheimnisvoll wie ihr Leben und der frühe Tod bleibt auch die Suche nach manchen literarischen Plätzen ihrer italienischen Zeit. Orte und Landschaften werden von ihr an einigen Stellen direkt benannt, andere bleiben rätselhaft in der Andeutung. Ihre Sprache beinhaltet jedoch immer die Freiheit, in Bildern weiterzudenken. Ob in Venedig, Rom, der Toscana oder Apulien, Ingeborg Bachmanns Leben in Italien bleibt uns dank der intensiven Poesie und farbigen Abstraktion ihrer Texte gegenwärtig. Das gilt für ihre Lyrik und Prosa, auch die »prose poétique«, gleichermaßen. Durch Rom fließt noch heute der Tiber »schlammgrün oder blond – wie das Licht ihn strählt«, gelegentlich streut der Schirokko »roten Sand über die erschlaffte Stadt und

haucht sie an«, die Sonne trägt dann »ein Hemd und leuchtet in falschem Licht«.
Manches, zum Beispiel auf Ischia oder im Golf von Neapel, hat die Zivilisation verschüttet, aber in Forio trägt der Meerwind die Asche erkalteter Krater auch heute herein, »Schattenfrüchte fallen von den Wänden/Mondlicht tüncht das Haus«, und während der stillen Zeiten lassen sich, wie an den übrigen Orten ihres italienischen Lebens, die eindringlichen Stimmungen und abstrakten Sprachbilder der Dichterin nachempfinden.
Wo immer man Ingeborg Bachmanns Spuren folgt, der Reiz ihres erstgeborenen Landes ist zeitlos.

Gloria Keetman-Maier

Ausfahrt

Vom Lande steigt Rauch auf.
Die kleine Fischerhütte behalt im Aug,
denn die Sonne wird sinken,
ehe du zehn Meilen zurückgelegt hast.

Das dunkle Wasser, tausendäugig,
schlägt die Wimper von weißer Gischt auf,
um dich anzusehen, groß und lang,
dreißig Tage lang.

Auch wenn das Schiff hart stampft
und einen unsicheren Schritt tut,
steh ruhig auf Deck.

An den Tischen essen sie jetzt
den geräucherten Fisch;
dann werden die Männer hinknien
und die Netze flicken,
aber nachts wird geschlafen,
eine Stunde oder zwei Stunden,
und ihre Hände werden weich sein,
frei von Salz und Öl,
weich wie das Brot des Traumes,
von dem sie brechen.

Die erste Welle der Nacht schlägt ans Ufer,
die zweite erreicht schon dich.
Aber wenn du scharf hinüberschaust,
kannst du den Baum noch sehen,
der trotzig den Arm hebt
– einen hat ihm der Wind schon abgeschlagen
– und du denkst: wie lange noch,

wie lange noch
wird das krumme Holz den Wettern standhalten?
Vom Land ist nichts mehr zu sehen.
Du hättest dich mit einer Hand in die Sandbank
krallen
oder mit einer Locke an die Klippen heften sollen.

In die Muscheln blasend, gleiten die Ungeheuer des
Meers
auf die Rücken der Wellen, sie reiten und schlagen
mit blanken Säbeln die Tage in Stücke, eine rote Spur
bleibt im Wasser, dort legt dich der Schlaf hin,
auf den Rest deiner Stunden,
und dir schwinden die Sinne.

Da ist etwas mit den Tauen geschehen,
man ruft dich, und du bist froh,
daß man dich braucht. Das Beste
ist die Arbeit auf den Schiffen,
die weithin fahren,
das Tauknüpfen, das Wasserschöpfen,
das Wändedichten und das Hüten der Fracht.
Das Beste ist, müde zu sein und am Abend
hinzufallen. Das Beste ist, am Morgen,
mit dem ersten Licht, hell zu werden,
gegen den unverrückbaren Himmel zu stehen,
der ungangbaren Wasser nicht zu achten
und das Schiff über die Wellen zu heben,
auf das immerwiederkehrende Sonnenufer zu.

Lieder von einer Insel

Schattenfrüchte fallen von den Wänden,
Mondlicht tüncht das Haus, und Asche
erkalteter Krater trägt der Meerwind herein.

In den Umarmungen schöner Knaben
schlafen die Küsten,
dein Fleisch besinnt sich auf meins,
es war mir schon zugetan,
als sich die Schiffe
vom Land lösten und Kreuze
mit unsrer sterblichen Last
Mastendienst taten.

Nun sind die Richtstätten leer,
sie suchen und finden uns nicht.

Wenn du auferstehst,
wenn ich aufersteh,
ist kein Stein vor dem Tor,
liegt kein Boot auf dem Meer.

Morgen rollen die Fässer
sonntäglichen Wellen entgegen,
wir kommen auf gesalbten
Sohlen zum Strand, waschen
die Trauben und stampfen
die Ernte zu Wein,
morgen am Strand.

Wenn du auferstehst,
wenn ich aufersteh,
hängt der Henker am Tor,
sinkt der Hammer ins Meer.

Einmal muß das Fest ja kommen!
Heiliger Antonius, der du gelitten hast,
heiliger Leonhard, der du gelitten hast,
heiliger Vitus, der du gelitten hast.

Platz unsren Bitten, Platz den Betern,
Platz der Musik und der Freude!
Wir haben Einfalt gelernt,
wir singen im Chor der Zikaden,
wir essen und trinken,
die mageren Katzen
streichen um unseren Tisch,
bis die Abendmesse beginnt,
halt ich dich an der Hand
mit den Augen,
und ein ruhiges mutiges Herz
opfert dir seine Wünsche.

Honig und Nüsse den Kindern,
volle Netze den Fischern,
Fruchtbarkeit den Gärten,
Mond dem Vulkan, Mond dem Vulkan!

Unsre Funken setzten über die Grenzen,
über die Nacht schlugen Raketen
ein Rad, auf dunklen Flößen
entfernt sich die Prozession und räumt
der Vorwelt die Zeit ein,

den schleichenden Echsen,
der schlemmenden Pflanze,
dem fiebernden Fisch,
den Orgien des Winds und der Lust
des Bergs, wo ein frommer
Stern sich verirrt, ihm auf die Brust
schlägt und zerstäubt.

Jetzt seid standhaft, törichte Heilige,
sagt dem Festland, daß die Krater nicht ruhn!
Heiliger Rochus, der du gelitten hast,
o der du gelitten hast, heiliger Franz.

Wenn einer fortgeht, muß er den Hut
mit den Muscheln, die er sommerüber
gesammelt hat, ins Meer werfen
und fahren mit wehendem Haar,
er muß den Tisch, den er seiner Liebe
deckte, ins Meer stürzen,
er muß den Rest des Weins,
der im Glas blieb, ins Meer schütten,
er muß den Fischen sein Brot geben
und einen Tropfen Blut ins Meer mischen,
er muß sein Messer gut in die Wellen treiben
und seinen Schuh versenken,
Herz, Anker und Kreuz,
und fahren mit wehendem Haar!
Dann wird er wiederkommen.
Wann?
  Frag nicht.

Es ist Feuer unter der Erde,
und das Feuer ist rein.

Es ist Feuer unter der Erde
und flüssiger Stein.

Es ist ein Strom unter der Erde,
der strömt in uns ein.

Es ist ein Strom unter der Erde,
der sengt das Gebein.

Es kommt ein großes Feuer,
es kommt ein Strom über die Erde.

Wir werden Zeugen sein.

Die große Fracht

Die große Fracht des Sommers ist verladen,
das Sonnenschiff im Hafen liegt bereit,
wenn hinter dir die Möwe stürzt und schreit.
Die große Fracht des Sommers ist verladen.

Das Sonnenschiff im Hafen liegt bereit,
und auf die Lippen der Galionsfiguren
tritt unverhüllt das Lächeln der Lemuren.
Das Sonnenschiff im Hafen liegt bereit.

Wenn hinter dir die Möwe stürzt und schreit,
kommt aus dem Westen der Befehl zu sinken;
doch offnen Augs wirst du im Licht ertrinken,
wenn hinter dir die Möwe stürzt und schreit.

Die gestundete Zeit

Es kommen härtere Tage.
Die auf Widerruf gestundete Zeit
wird sichtbar am Horizont.
Bald mußt du den Schuh schnüren
und die Hunde zurückjagen in die Marschhöfe.
Denn die Eingeweide der Fische
sind kalt geworden im Wind.
Ärmlich brennt das Licht der Lupinen.
Dein Blick spurt im Nebel:
die auf Widerruf gestundete Zeit
wird sichtbar am Horizont.

Drüben versinkt dir die Geliebte im Sand,
er steigt um ihr wehendes Haar,
er fällt ihr ins Wort,
er befiehlt ihr zu schweigen,
er findet sie sterblich
und willig dem Abschied
nach jeder Umarmung.

Sieh dich nicht um.
Schnür deinen Schuh.
Jag die Hunde zurück.
Wirf die Fische ins Meer.
Lösch die Lupinen!

Es kommen härtere Tage.

Das erstgeborene Land

In mein erstgeborenes Land, in den Süden
zog ich und fand, nackt und verarmt
und bis zum Gürtel im Meer,
Stadt und Kastell.

Vom Staub in den Schlaf getreten
lag ich im Licht,
und vom ionischen Salz belaubt
hing ein Baumskelett über mir.

Da fiel kein Traum herab.

Da blüht kein Rosmarin,
kein Vogel frischt
sein Lied in Quellen auf.

In meinem erstgeborenen Land, im Süden
sprang die Viper mich an
und das Grausen im Licht.

O schließ
die Augen schließ!
Preß den Mund auf den Biß!

Und als ich mich selber trank
und mein erstgeborenes Land
die Erdbeben wiegten,
war ich zum Schauen erwacht.

Da fiel mir Leben zu.

Da ist der Stein nicht tot.
Der Docht schnellt auf,
wenn ihn ein Blick entzündet.

Nord und Süd

Zu spät erreichten wir der Gärten Garten
in jenem Schlaf, von dem kein dritter weiß.
Im Ölzweig wollte ich den Schnee erwarten,
im Mandelbaum den Regen und das Eis.

Wie aber soll die Palme es verwinden,
daß du den Wall aus warmen Lauben schleifst,
wie soll ihr Blatt sich in den Nebel finden,
wenn du die Wetterkleider überstreifst?

Bedenk, der Regen machte dich befangen,
als ich den offnen Fächer zu dir trug.
Du schlugst ihn zu. Dir ist die Zeit entgangen,
seit ich mich aufhob mit dem Vogelzug.

Brief in zwei Fassungen

Rom im November abends besten Dank
das glatte Marmorriff die kalten Fliesen
die Gischt der Lichter eh die Tore schließen
der Klang mit dem erfrorne Gläser springen
der Singsang den sie aus Gitarren wringen
eh sie die Schädel in die Münzen stanzen
auf die Arena mit Zypressenlanzen!
der Holzwurm ist bei mir zu Tisch gesessen –
wie wohl ein Blatt aussieht das Raupen fressen?
und Herbst in Nebelland die bunten Lumpen
der Wälder unter großen Regenpumpen
ob es die Käuzchen gibt das Todeswerben
die Drachen die in warmen Sümpfen sterben
das Segel schwarz den Unglücksschrei der Raben
den Nordwind um die Wasser umzugraben
das Geisterschiff die Halden und die Heiden
schuttüberhäuft das Haus die Trauerweiden
verschuldet und verträmt am Strom aus Särgen
den Wahnsinn den sie aus der Tiefe bergen
Immer und Nimmermehr gemischt zum Trank
dein wehes Herz vergötternd alle Leiden
vernichtet und verloren liebeskrank…

Nachts im November Rom Einklang und Ruh
der Abschied ohne Kränkung ist vollzogen
die Augen hat ein reiner Glanz beflogen
die Säulen wachsen aus den Tamarinden
o Himmel den die blauen Töne binden!
es landen Disken in den Brunnenmitten
sie drehen sich zu leichten Rosenschritten
wollüstig dehnen Katzen ihre Krallen
der Schlaf hat einen letzten Stern befallen

der Mund entkommt den Küssen ohne Kerben
der Seidenschuh ist unverletzt von Scherben
rasch sinkt der Wein durch dämmernde Gedanken
springt wieder Licht mit seinen hellen Pranken
umgreift die Zeiten schleudert sie ins Heute
die Hügel stürmt die erste Automeute
vor Tempeln paradieren die Antennen
empfangen Morgenchöre und entbrennen
für jeden Marktschrei Preise Vogelrufe
ins Pflaster taucht die Spiegelschrift der Hufe
die Chrysanthemen schütten Gräber zu
Meerhauch und Bergwind mischen Duft und Tränen
ich bin inmitten – was erwartest du?

[Ferragosto]
Entwürfe

Ferragosto, die Augustfeiertage, den Römern fast ebenso wichtig wie Weihnachten und Ostern, sind gekommen. Die Angestellten, die Portiers, die Wäscherinnen und Dienstmädchen erwarten Geschenke und Trinkgelder, die in diesen heißen Tagen dazu reichen müssen, wenigstens für einen Tag, wenn nicht für länger, auch den Ärmsten Gelegenheit zu geben, aus der Stadt zu fahren und auf dem Land ausgiebig zu essen und zu trinken. Das hochsommerliche Rom ist darum leer geworden und den Touristen überlassen. Wer ihnen, zwar selbst ein Fremder, aber seit Jahren schon vertraut mit der Stadt, daß er ihre Lichtschalter im Dunkeln findet, ihnen auf Schritt und Tritt begegnet, bedauert, nicht auch wegfahren zu können. Denn es sind ja die in der Überzahl, die zudringlich, den Fotoapparat umgehängt, [sich] an alles und jedes heranmachen, diese Andenkenkäufer, diese Museen- und Kirchenbezwinger in Rekordzeiten, die Chiantihelden, die ihm Verdruß bereiten. Aber hier und da sieht dieser Fremde, der am liebsten seine Persianen ganz zuschließen und nicht mehr aus dem Haus gehen möchte, auch ein paar stillere Pilger oder ein paar begeisterte junge Menschen oder ein altes Paar, das nach 20 Jahren vielleicht wiedergekommen ist und sich nur manchmal im Weg irrt, und dann meint er, daß allen Reisetorheiten zum Trotz es ihnen ergehen könnte wie ihm einmal im Anfang, als ihm in der ersten Begeisterung und Enttäuschung die Stadt sich öffnete und wieder verschloß, aber daß ihm eine längere Zeit hier vergönnt war, um sehen und hören zu lernen. Daß er

jenen, denen die Zeit nicht vergönnt ist, sagen möchte, was er erfahren hat.
Die Faszination: Rom als offene Stadt, keine ihrer Schichten kann als abgeschlossen betrachtet werden, sie spielt alle Zeiten aus, gegeneinander, miteinander, das Alte kann morgen neu sein und das Neueste morgen schon alt.
Die Vitalität Roms als Faszination, die Utopie, ein messagio. Wie jede große Stadt, mehr noch als jede andre große Stadt utopisch, das Gefühl, daß der Bestand in Rom die geistig fühlbare Botschaft der Stadt, ihr utopischer Charakter [– – –]
Die Unbedeutendheit des einzelnen, der ambienti, diese Stadt kommt so gut ohne irgend jemand Bestimmten aus und gibt grade darum, weil sie die eigene Unwichtigkeit dauernd beweist, weil sie immer mit Maßstäben zur Hand ist, vielleicht noch eine Arbeit [auf, macht] eine Lehre möglich, wie man sie nirgends sonst bekommen kann. Sie ist historisch nicht abgeschlossen, sie hat sich nicht in diesem oder jenem Jahrhundert ausschließlich manifestiert. Das Kommen und Gehen und Wiederkommen – die Utopie in Permanenz, das geistige Heimatgefühl, das man hier empfindet, tritt an die Stelle des Gefühls von physischer Heimatlosigkeit, das in der Welt zunimmt ›...‹

Unter dem Weinstock

Unter dem Weinstock im Traubenlicht
reift dein letztes Gesicht.
Die Nacht muß das Blatt wenden.

Die Nacht muß das Blatt wenden,
wenn die Schale zerspringt
und aus dem Fruchtfleisch die Sonne dringt.

Die Nacht muß das Blatt wenden,
denn dein erstes Gesicht
steigt in dein Trugbild, gedämmt vom Licht.

Unter dem Weinstock im Traubenstrahl
prägt der Rausch dir ein Mal –
Die Nacht muß das Blatt wenden!

In Apulien

Unter den Olivenbäumen schüttet Licht die Samen
aus,
Mohn erscheint und flackert wieder,
fängt das Öl und brennt es nieder,
und das Licht geht nie mehr aus.

Trommeln in den Höhlenstädten trommeln ohne
Unterlaß,
weißes Brot und schwarze Lippen,
Kinder in den Futterkrippen
will der Fliegenschwarm zum Fraß.

Käm die Helle von den Feldern in den Troglodytentag,
könnt der Mohn aus Lampen rauchen,
Schmerz im Schlaf ihn ganz verbrauchen,
bis er nicht mehr brennen mag.

Esel stünden auf und trügen Wasserschläuche übers
Land,
Schnüre stickten alle Hände,
Glas und Perlen für die Wände –
Tür im klingenden Gewand.

Die Madonnen stillten Kinder und der Büffel ging'
vorbei,
Rauch im Horn, zur grünen Tränke,
endlich reichten die Geschenke:
Lammblut, Fisch und Schlangenei.

Endlich malmen Steine Früchte, und die Krüge sind
gebrannt.

Öl rinnt offnen Augs herunter,
und der Mohn geht trunken unter,
von Taranteln überrannt.

Schwarzer Walzer

Das Ruder setzt auf den Gong mit dem schwarzen
Walzer ein,
Schatten mit stumpfen Stichen nähn die Gitarren
ein.

Unter der Schwelle erglänzt im Spiegel mein finsteres
Haus,
Leuchter treten sich sanft die flammenden Spitzen
aus.

Über die Klänge verhängt: Eintracht von Welle und
Spiel;
immer entzieht sich der Grund mit einem anderen
Ziel.

Schuld ich dem Tag den Marktschrei und den blauen
Ballon –
Steinrumpf und Vogelschwinge suchen die Position

zum Pas de deux ihrer Nächte, lautlos mir
zugewandt,
Venedig, gepfählt und geflügelt, Abend- und
Morgenland!

Nur Mosaiken wurzeln und halten im Boden fest,
Säulen umtanzen die Bojen, Fratzen- und
Freskenrest.

Kein August war geschaffen, die Löwensonne zu
sehn,
schon am Eingang des Sommers ließ sie die Mähne
wehn.

Denk dir abgöttische Helle, den Prankenschlag auf
den Bug
und im Gefolge des Kiels den törichten Maskenzug,

überm ersäuften Parkett zu Spitze geschifft ein
Tuch,
brackiges Wasser, die Liebe und ihren Geruch,

Introduktion, dann den Auftakt zur Stille und nichts
nachher,
Pausen schlagende Ruder und die Coda vom Meer!

Nach vielen Jahren

Leicht ruht der Pfeil der Zeit im Sonnenbogen.
Wenn die Agave aus dem Felsen tritt,
wird über ihr dein Herz im Wind gewogen
und hält mit jedem Ziel der Stunde Schritt.

Schon überfliegt ein Schatten die Azoren
und deine Brust der zitternde Granat.
Ist auch der Tod dem Augenblick verschworen,
bist du die Scheibe, die ihm blendend naht.

Ist auch das Meer verwöhnt und glanzerfahren,
erhöht's den Spiegel für die Handvoll Blut,
und die Agave blüht nach vielen Jahren
im Schutz der Felsen vor der trunknen Flut.

An die Sonne

Schöner als der beachtliche Mond und sein geadeltes
Licht,
Schöner als die Sterne, die berühmten Orden der
Nacht,
Viel schöner als der feurige Auftritt eines Kometen
Und zu weit Schönrem berufen als jedes andre
Gestirn,
Weil dein und mein Leben jeden Tag an ihr hängt, ist
die Sonne.

Schöne Sonne, die aufgeht, ihr Werk nicht vergessen
hat
Und beendet, am schönsten im Sommer, wenn ein
Tag
An den Küsten verdampft und ohne Kraft gespiegelt
die Segel
Über dein Aug ziehn, bis du müde wirst und das letzte
verkürzt.

Ohne die Sonne nimmt auch die Kunst wieder den
Schleier,
Du erscheinst mir nicht mehr, und die See und der
Sand,
Von Schatten gepeitscht, fliehen unter mein Lid.

Schönes Licht, das uns warm hält, bewahrt und
wunderbar sorgt,
Daß ich wieder sehe und daß ich dich wiederseh!

Nichts Schönres unter der Sonne als unter der Sonne
zu sein…

Nichts Schönres als den Stab im Wasser zu sehn und
den Vogel oben,
Der seinen Flug überlegt, und unten die Fische im
Schwarm,

Gefärbt, geformt, in die Welt gekommen mit einer
Sendung von Licht,
Und den Umkreis zu sehn, das Geviert eines Felds, das
Tausendeck meines Lands
Und das Kleid, das du angetan hast. Und dein Kleid,
glockig und blau!

Schönes Blau, in dem die Pfauen spazieren und sich
verneigen,
Blau der Fernen, der Zonen des Glücks mit den
Wettern für mein Gefühl,
Blauer Zufall am Horizont! Und meine begeisterten
Augen
Weiten sich wieder und blinken und brennen sich
wund.

Schöne Sonne, der vom Staub noch die größte
Bewundrung gebührt,
Drum werde ich nicht wegen dem Mond und den
Sternen und nicht,
Weil die Nacht mit Kometen prahlt und in mir einen
Narren sucht,
Sondern deinetwegen und bald endlos und wie um
nichts sonst
Klage führen über den unabwendbaren Verlust
meiner Augen.

Zugegeben

Zugegeben, daß ich nicht mehr weiß, warum ich hier lebe; denn ich schreibe ja über Wien, oder ich bin vielmehr, wenn ich schreibe, in Wien. Und zugegeben, daß ich hier keinen Einspänner, keinen großen Braunen, keinen Kapuziner trinke, sondern einen Capuccino, und daß die Wohnungen teuer sind, aber das Essen billiger ist, daß plötzlich alle Freunde Giulio oder Giorgio oder Luciano heißen, Ginevra, Marina, Alda. Zugegeben, daß man schon in einer anderen Sprache träumt, aber angeblich bedeutet das gar nichts; man muß nämlich zählen können in einer anderen Sprache, eben das kann ich nicht, ich kann nicht multiplizieren oder dividieren oder addieren, einfach die kleinsten Operationen auf italienisch, die werde ich nie erlernen. Zugegeben, daß hier das Leben ist, wie es überall ist: eines Tages wird jemand heiraten, jemand wird einen Lehrstuhl bekommen, jemand wird sich erhängen, in eine Nervenklinik kommen; es wird alles wie überall sein, kein Kolosseum, kein Kapitol helfen darüber hinweg, und was also hilft einem dann hier zwar nicht hinweg, aber doch zu leben? Zugegeben, daß die Leute hier auch nicht besser sind als anderswo, aber fünf Minuten auf der Straße und ein kleiner Anflug von Wahnsinn, eine Versuchung, das alles ganz aufzugeben, sind dann doch plötzlich abgewendet. Zugegeben, die Leute sind etwas schöner und sehr freundlich, aber man weiß ja, was dahintersteckt. Weiß man es aber wirklich? Man weiß doch gar nichts. Mir genügt es, daß die Leute nicht unfreundlich sind, sondern freundlicher sind. Zugegeben, daß man hier aufhört, die Dinge allzu ernst zu nehmen; denn in 2500 Jahren ist viel Wasser den Tiber hinuntergelaufen, und das weiß hier wirklich jeder.

Vor das Leben ist das Wort Pazienza geschrieben, also Geduld, Geduld. Hier sind Krisen, Staatskrisen, private Krisen, eher Kinderkrankheiten. Die Leute wissen schon, daß man hier einfach miteinander auskommen muß. Zugegeben, ich habe hier erlernt, mit den anderen auszukommen. Ich habe es wieder erlernt, aber ich gebe auch zu, wenn die Tür zufällt zu dem Zimmer, in dem ich arbeite, dann gibt es keinen Zweifel: Denken ist solitär, Alleinsein ist eine gute Sache.

Lieder auf der Flucht

Dura legge d'Amor! ma, ben che obliqua,
Servar convensi; però ch'ella aggiunge
Di cielo in terra, universale, antiqua.
Petrarca, ›I Trionfi‹

I

Der Palmzweig bricht im Schnee,
die Stiegen stürzen ein,
die Stadt liegt steif und glänzt
im fremden Winterschein.

Die Kinder schreien und ziehn
den Hungerberg hinan,
sie essen vom weißen Mehl
und beten den Himmel an.

Der reiche Winterflitter,
das Mandarinengold,
treibt in den wilden Böen.
Die Blutorange rollt.

II

Ich aber liege allein
im Eisverhau voller Wunden.

Es hat mir der Schnee
noch nicht die Augen verbunden.

Die Toten, an mich gepreßt,
schweigen in allen Zungen.

Niemand liebt mich und hat
für mich eine Lampe geschwungen!

III

Die Sporaden, die Inseln,
das schöne Stückwerk im Meer,
umschwommen von kalten Strömen,
neigen noch Früchte her.

Die weißen Retter, die Schiffe
– o einsame Segelhand! –
deuten, eh sie versinken,
zurück auf das Land.

IV

Kälte wie noch nie ist eingedrungen.
Fliegende Kommandos kamen über das Meer.
Mit allen Lichtern hat der Golf sich ergeben.
Die Stadt ist gefallen.

Ich bin unschuldig und gefangen
im unterworfenen Neapel,
wo der Winter
Posilip und Vomero an den Himmel stellt,
wo seine weißen Blitze aufräumen
unter den Liedern
und er seine heiseren Donner
ins Recht setzt.

Ich bin unschuldig, und bis Camaldoli
rühren die Pinien die Wolken;
und ohne Trost, denn die Palmen
schuppt sobald nicht der Regen;

ohne Hoffnung, denn ich soll nicht entkommen,
auch wenn der Fisch die Flossen schützend sträubt
und wenn am Winterstrand der Dunst,
von immer warmen Wellen aufgeworfen,
mir eine Mauer macht,
auch wenn die Wogen
fliehend
den Fliehenden
dem nächsten Ziel entheben.

V

Fort mit dem Schnee von der gewürzten Stadt!
Der Früchte Luft muß durch die Straßen gehen.
Streut die Korinthen aus,
die Feigen bringt, die Kapern!
Belebt den Sommer neu,
den Kreislauf neu,
Geburt, Blut, Kot und Auswurf,
Tod – hakt in die Striemen ein,
die Linien auferlegt
Gesichtern
mißtrauisch, faul und alt,
von Kalk umrissen und in Öl getränkt,
von Händeln schlau,
mit der Gefahr vertraut,
dem Zorn des Lavagotts,
dem Engel Rauch
und der verdammten Glut!

VI

Unterrichtet in der Liebe
durch zehntausend Bücher,
belehrt durch die Weitergabe
wenig veränderbarer Gesten
und törichter Schwüre –

eingeweiht in die Liebe
aber erst hier –
als die Lava herabfuhr
und ihr Hauch uns traf
am Fuß des Berges,
als zuletzt der erschöpfte Krater
den Schlüssel preisgab
für diese verschlossenen Körper –

Wir traten ein in verwunschene Räume
und leuchteten das Dunkel aus
mit den Fingerspitzen.

VII

Innen sind deine Augen Fenster
auf ein Land, in dem ich in Klarheit stehe.

Innen ist deine Brust ein Meer,
das mich auf den Grund zieht.
Innen ist deine Hüfte ein Landungssteg
für meine Schiffe, die heimkommen
von zu großen Fahrten.

Das Glück wirkt ein Silbertau,
an dem ich befestigt liege.

Innen ist dein Mund ein flaumiges Nest
für meine flügge werdende Zunge.
Innen ist dein Fleisch melonenlicht,
süß und genießbar ohne Ende.
Innen sind deine Adern ruhig
und ganz mit dem Gold gefüllt,
das ich mit meinen Tränen wasche
und das mich einmal aufwiegen wird.

Du empfängst Titel, deine Arme umfangen Güter,
die an dich zuerst vergeben werden.

Innen sind deine Füße nie unterwegs,
sondern schon angekommen in meinen
Samtlanden.
Innen sind deine Knochen helle Flöten,
aus denen ich Töne zaubern kann,
die auch den Tod bestricken werden...

VIII

...Erde, Meer und Himmel.
Von Küssen zerwühlt
die Erde,
das Meer und der Himmel.
Von meinen Worten umklammert
die Erde,
von meinem letzten Wort noch umklammert
das Meer und der Himmel!

Heimgesucht von meinen Lauten
diese Erde,
die schluchzend in meinen Zähnen
vor Anker ging

mit allen ihren Hochöfen, Türmen
und hochmütigen Gipfeln,

diese geschlagene Erde,
die vor mir ihre Schluchten entblößte,
ihre Steppen, Wüsten und Tundren,

diese rastlose Erde
mit ihren zuckenden Magnetfeldern,
die sich hier selbst fesselte
mit ihr noch unbekannten Kraftketten,

diese betäubte und betäubende Erde
mit Nachtschattengewächsen,
bleiernen Giften
und Strömen von Duft –

untergegangen im Meer
und aufgegangen im Himmel
die Erde!

IX

Die schwarze Katze,
das Öl auf dem Boden,
der böse Blick:

Unglück!

Zieh das Korallenhorn,
häng die Hörner vors Haus,
Dunkel, kein Licht!

X

O Liebe, die unsre Schalen
aufbrach und fortwarf, unseren Schild,
den Wetterschutz und braunen Rost von Jahren!

O Leiden, die unsre Liebe austraten,
ihr feuchtes Feuer in den fühlenden Teilen!
Verqualmt, verendend im Qualm, geht die Flamme in
sich.

XI

Du willst das Wetterleuchten, wirfst die Messer,
du trennst der Luft die warmen Adern auf;

dich blendend, springen aus den offnen Pulsen
lautlos die letzten Feuerwerke auf:

Wahnsinn, Verachtung, dann die Rache,
und schon die Reue und der Widerruf.

Du nimmst noch wahr, daß deine Klingen stumpfen,
und endlich fühlst du, wie die Liebe schließt:

mit ehrlichen Gewittern, reinem Atem.
Und sie verstößt dich in das Traumverlies.

Wo ihre goldnen Haare niederhängen,
greifst du nach ihr, der Leiter in das Nichts.

Tausend und eine Nacht hoch sind die Sprossen.
Der Schritt ins Leere ist der letzte Schritt.

Und wo du aufprallst, sind die alten Orte,
und jedem Ort gibst du drei Tropfen Blut.

Umnachtet hältst du wurzellose Locken.
Die Schelle läutet, und es ist genug.

XII

Mund, der in meinem Mund genächtigt hat,
Aug, das mein Aug bewachte,
Hand –

und die mich schleiften, die Augen!
Mund, der das Urteil sprach,
Hand, die mich hinrichtete!

XIII

Die Sonne wärmt nicht, stimmlos ist das Meer.
Die Gräber, schneeverpackt, schnürt niemand auf.
Wird denn kein Kohlenbecken angefüllt
mit fester Glut? Doch Glut tut's nicht.

Erlöse mich! Ich kann nicht länger sterben.

Der Heilige hat anderes zu tun;
er sorgt sich um die Stadt und geht ums Brot.
Die Wäscheleine trägt so schwer am Tuch;
bald wird es fallen. Doch mich deckt's nicht zu.

Ich bin noch schuldig. Heb mich auf.
Ich bin nicht schuldig. Heb mich auf.

Das Eiskorn lös vom zugefrornen Aug,
brich mit den Blicken ein,
die blauen Gründe such,
schwimm, schau und tauch:

Ich bin es nicht.
Ich bin's.

XIV

Wart meinen Tod ab und dann hör mich wieder,
es kippt der Schneekorb, und das Wasser singt,
in die Toledo münden alle Töne, es taut,
ein Wohlklang schmilzt das Eis.
O großes Tauen!

Erwart dir viel!

Silben im Oleander,
Wort im Akaziengrün
Kaskaden aus der Wand.

Die Becken füllt,
hell und bewegt,
Musik.

XV

Die Liebe hat einen Triumph und der Tod hat einen,
die Zeit und die Zeit danach.
Wir haben keinen.

Nur Sinken um uns von Gestirnen. Abglanz und
Schweigen.
Doch das Lied überm Staub danach
wird uns übersteigen.

Enigma

Für Hans Werner Henze aus der Zeit der Ariosi

Nichts mehr wird kommen.

Frühling wird nicht mehr werden.
Tausendjährige Kalender sagen es jedem voraus.

Aber auch Sommer und weiterhin, was so gute
   Namen
wie »sommerlich« hat –
es wird nichts mehr kommen.

Du sollst ja nicht weinen,
sagt eine Musik.

Sonst
sagt
niemand
etwas.

Portrait von Anna Maria

Unvollendet

Von Anna Maria P. hörte ich zum erstenmal Costanza und Carlo sprechen, die sehr viele Maler kannten, meistens solche, von denen ich nie etwas gehört hatte. Meine Freunde wollten diese Malerin auf dem Lande besuchen, in Draiano, wo sie den Sommer über war, und mich zu ihr mitnehmen. Ehe unser Schiff den Ort erreichte – denn wir waren in diesem Jahr gar nicht weit davon an der Küste untergekommen –, fragte ich, wie ich sie mir vorzustellen habe. Nun, hieß es, sie sei Mitte dreißig, sehr kräftig, muskulös, stark auch »als Mensch«; sie gehe gern in selbstgeschneiderten Kleidern herum, schieße auf Vögel und helfe in ihrer Freizeit den Bauern in den Weinbergen bei der Arbeit; so habe sie im Vorjahr tagelang Trauben gestampft mit bloßen Füßen. Meine Freunde zeigten sich sehr beeindruckt von dem einfachen und unverbildeten Wesen der Freundin, vielleicht darum, weil Künstler oft durch die Art ihrer Nebenbeschäftigungen die Phantasie der anderen weitaus mehr und nachdrücklicher beschäftigen und seltener durch das, wodurch sie es eigentlich tun sollten und wohl auch hin und wieder tun – durch ihre Arbeiten.

Dieser Tag, an dem ich in Draiano war, muß übrigens einer der schönsten Tage jenes Sommers gewesen sein, ganz blauer Raum, von abgöttischer Helle bewohnt, so daß mir die kurze Stunde im Hause der Malerin im Zusammenhang damit wie eine Störung erschien und fast aus dem Gedächtnis gefallen ist. Aber gewiß ist mir, daß die junge Frau, aus einem mir unbekannten Grund, über den Besuch meiner Freunde nicht die geringste Freude zeigte, ja sie überhaupt anblickte und unterhielt, als kennte sie sie nur flüchtig. Noch ehe sie dazu kam, uns ihre letzten Bilder zu zeigen, erklärte sie, beim Zahnarzt bestellt zu sein und uns vor der Abreise daher nicht mehr sehen zu können. Als wir gingen, gesellte sich zu uns ein junger Mann im Buschhemd und blauen Baumwollhosen, den sie uns als Begleiter zugedacht hatte und mit dem wir eine Trattoria aufsuchten. Ich kam neben ihn zu sitzen und ließ mich auf ein Gespräch ein mit ihm, nichtsahnend, wer er sei. Wir sprachen von den Besonderheiten dieses Küstenstriches, und er wußte zum Beispiel die Muschelarten, die hier vorkamen, kennerisch zu beschreiben, er zog das eine und andere Schalentier aus der Tasche, und ich fand alles in der Ordnung, bis er plötzlich, schon nicht mehr nüchtern, aufstand, zwischen den Tischen ins Freie schwankte und in einer Nebengasse verschwand. Costanza beugte sich zu mir herüber und sagte leise, er sei so eifersüchtig, ganz krank vor Eifersucht, denn mit dem verrufenen, verschuldeten Zahnarzt des Ortes betrüge Anna Maria ihn schon den ganzen Sommer lang. Im Vorjahr habe er einen Fischer neben sich dulden müssen, aber er halte trotzdem an ihr fest, denn sie sei »eine Persönlichkeit«. Mich befremdete das sehr, denn der junge Mann war bestimmt zehn Jahre jünger als die Malerin. Da er nicht wiederkam, gingen wir kopfschüttelnd weg und aufs Schiff und fuhren in einen drohenden Nachthimmel hinein. Bis zu unseren Gesichtern verspritzten die Wellen einen faden, grauen Schaum.

Ein Jahr später, im vor Hitze dampfenden Venedig, als sich zu irgendwelchen Festwochen »ganz Europa« eingefunden hatte, traf ich die Malerin wieder. Man hatte uns Zimmer in einem Studentinnenheim gegeben, die miteinander verbunden waren, denn eine dritte, mir kaum bekannte Person hatte, ehe sie und ich angekommen waren, erklärt, wir seien so sehr befreundet miteinander, daß man uns mit dieser Art der Unterbringung eine Freude machen würde. Als ich in das Zimmer kam, dessen Tür zum Nebenzimmer offen stand, wußte ich nicht, welches der beiden Zimmer nun mir zugedacht war, da sowohl in dem einen wie in dem anderen jemand Kleider, Haarbürsten und Waschzeug ausgestreut hatte. Ich setzte mich auf das Bett des Zimmers, das mir mehr zusagte, obwohl es nach einer recht belebten Calle lag, und wartete. Die Malerin trat ein, und ich hätte sie nicht wiedererkannt, vielleicht weil ich sie das erstemal nur so kurz gesehen hatte, oder vielleicht weil sie ihr Haar nicht mehr wild und offen trug, sondern gekämmt war und in einem dunkelblauen Kleid steckte, das sie weniger plump erscheinen ließ. Sie begrüßte mich mit großer Herzlichkeit, und wir lachten beide über die Freundschaft, deren man uns verdächtigt hatte, ohne daß sie, was mir lieb war, auch nur einen Versuch machte, in den folgenden Tagen sich enger an mich anzuschließen. Sie erklärte nur kurz, es sei ihr recht, daß ich dieses Zimmer wolle, in dem ich mich schon aufhalte, und schloß dann die Türe. Als ich nach einer Weile das gemeinsame Badezimmer aufsuchte, sah ich, daß sie, mehr noch als das Zimmer, diesen Raum als den ihren betrachtete und ihn ganz mit Beschlag belegt hatte. Ich sammelte ihre Sachen ein, die sie in meinem Zimmer vergessen hatte, und brachte sie ihr; nur im Badezimmer um ein wenig Platz zu bitten, unterließ ich, weil mir der Mut fehlte.

Bei einem Abendessen in Venedig saß sie mir gegenüber, und ich stellte fest, daß sie, die man beim besten Willen mit ihrem bäurischen und nervösen Gesicht, den zwar glaskalten, hellen Augen, aber dem ganz abstoßend dünnen Mund, nicht anziehend nennen

konnte, mit einer Gier alle Umsitzenden in ein Gespräch verstrickte, die darauf schließen ließ, daß sie es gewohnt war, Erfolg zu haben; allerdings wandte sie sich ausschließlich an die Männer, während sie sich bemühte, bei mir ab und zu mit einem Blick Einverständnis zu suchen.
Später, als wir am beleuchteten Lido spazieren gingen, zwischen Eisbars und unruhigen Gärten, und als der Meerwind uns kehlige Musik von einer Grammophonplatte, von weither, zutrug, schwieg Anna Maria plötzlich, und da ihr Schweigen sich allen mitteilte, waren auch wir anderen still. In gedrückter Stimmung erreichten wir den Pier und warteten auf das Schiff, das uns in die Stadt zurückbringen sollte. Die Malerin, vielleicht bemüht, »Einsamkeit« zu spielen, entfernte sich von uns; vielleicht aber hatte sie wirklich ein Licht im Wasser gesehen und mußte dem Strahl folgen. An diesem Abend gingen wir miteinander nach Hause, und ich weiß es so genau, weil sie mir nur dieses eine Mal etwas von sich erzählte. Sonst kamen wir in dieser Zeit mit ihren langen, festlichen Nächten beide sehr spät nach Hause, aber nie miteinander, und sie jedenfalls immer noch später als ich, aber sie schlief nie, was ich gerne tat, bis in den hellen, durchlärmten Vormittag hinein, und ich bewunderte sie deswegen nicht wenig. Leute, die wir beide kannten, erzählten, sie hätten sie um vier Uhr morgens mit aufgelösten Haaren und barfuß mit Herrn B. in der Nähe des Kasinos gesehen, es nahmen viele an, daß sie in diesen Mann, dem gegenüber sie sich am Tag sehr förmlich benahm, vielleicht weil er verheiratet war, oder aus anderen Gründen, verliebt war. Sie war aber auch mit anderen allein zu treffen in den Cafés auf dem Markusplatz oder am Rialto, und ihre Wirkung auf Männer war sehr groß, unleugbar und verwunderlich.

Auf der Rückreise fuhr ich bis Florenz mit einem Herrn im Speisewagen, der sie sehr verehrte und der mir beim Essen folgende Geschichte erzählte: »Sie ist vielleicht das sanfteste und schönste Geschöpf, das ich kenne.« Ich wunderte mich darüber, denn andere fanden sie verschiedener Härten wegen lächerlich und auch unweiblich, und ich selbst hatte sie jedenfalls wenig reizvoll gefunden, selbst ihr Charme erschien mir so eingeübt und übertrieben, wenn sie mit Männern sprach, daß es mir peinlich war. »Aber es gibt für sie nichts als ihre Kunst!« (So wenigstens drückte er sich aus.) »Sie haben ihre Bilder nicht gesehen, doch sie hat mir Blätter gezeigt, die mich nur im unklaren lassen, ob sie sehr viel oder gar nichts taugen. Sie ist auch wirklich verrückt, und ich möchte Sie jetzt fragen, ob Sie einen jungen Mann, mit dem ich sie einmal gesehen habe (er beschrieb ihn umständlich) getroffen haben?« Ich verneinte, obwohl mir später einfiel, daß sie in der Halle wirklich öfter von einem überaus eleganten jungen Menschen erwartet wurde, aber ich wollte ihn nicht kränken, gab vor, in meinem Gedächtnis zu suchen, und schüttelte den Kopf. »Dieser junge Mann«, fuhr er fort, »wird sie heiraten, und zwar aus einem sehr merkwürdigen Grund. Sie müssen wissen, daß sie, die man doch wirklich nicht schön nennen kann«, gab er mit unsicherer Stimme zu, »eine bestimmte Art von Männern anzieht, und zwar solche, die im allgemeinen ohne jedes Interesse an Frauen sind. Sie verstehen –?« setzte er mit einem langen, fragenden Blick hinzu, und ich nickte rasch und sachlich. »Dieser junge Mann ist aus einer sehr guten Familie und hat daher gewisse Rücksichten zu nehmen. Aber nicht allein deswegen will er sie heiraten, sondern weil er meint, ohne sie nicht leben zu können, ohne ihre sich allen mitteilende Kraft, und als sie anfangs sein Ansinnen unmöglich

fand, beging er einen Selbstmordversuch aus Verzweiflung über ihr Nein.«
Ich hingegen dachte in diesem Augenblick, daß es viel merkwürdiger sei, nicht zu wissen, woher plötzliche Gestalten wie die Malerin kämen. Aus welcher Familie mochte sie wohl sein? Wo hatte sie wohl ihre Jugend verbracht? Wie hatte sie ihren ersten Schritt aus der Anonymität getan? Denn heutzutage weiß man buchstäblich nicht mehr, woher die Leute kommen, die man vorfindet und deren Namen immer wieder auftauchen in Gesprächen, die selbst immer wieder an allen möglichen Orten auftauchen und durch nichts legitimiert sind, hier oder dort zu sein. Mir fiel mit Vehemenz ein, was die Malerin in der einzigen Nacht mir erzählt hatte, in der wir miteinander nach Hause gekommen waren und zu unseren Zimmern hinaufgingen: »In unserem Haus, das nicht sehr groß ist und in dem ich mit meiner Mutter und meiner Tante lebe« – man könnte fragen, wann das wohl sei, da sie überall und nirgends war, viele Freunde hatte und malte, die Sommer im Süden verbrachte und im Winter zu Ausstellungen fuhr oder zu anderen Freunden, die sie aufnahmen in Paris oder Rom – »in unserem Haus, das sehr klein ist und trotzdem eine Dependance hat, ein Gartenhaus nennen wir es, steht zwischen den Mauern ein Kirschbaum. Einen schöneren habe ich nie gesehen. Dieser Kirschbaum hält im Frühling seine schaumigen Äste über beide Häuschen, und dann scheint es, als wären die beiden Gebäude unter ihn hineingebaut worden. Und sowie ich an ihn denke, legt er mit seiner Fracht, seiner unlöschbaren Helle, in mir an, wo immer ich auch bin. Denn ich bin sein Land; die Dinge brauchen uns Heimatlose, um irgendwo zuhause zu sein.«
Den schönen, jungen Selbstmörder, der, wenn ich recht verstanden hatte, eine so mysteriöse Rolle in ih-

rem Leben spielen sollte, traf ich, ohne daß er mich erkannt hätte, bei den C., die mich im Wagen nach Ostia mitnehmen wollten, weil man dort eine in Heiterkeit untergegangene antike Stadt finde. Ich sagte, ich kenne es schon, aber in dem Augenblick hörte niemand zu, und später durfte ich es nicht wiederholen, weil man um die Freude gekommen wäre, es mir zeigen zu können, aber der Selbstmörder hörte es und lächelte grimmig, ging dann mit mir zwischen den Mauern auf und nieder und riß Gräser ab, biß hinein und rief schließlich laut: »Immer diese Rücksichten! Warum sagt denn keiner, was ist, und warum bevölkern wir denn die Welt mit unseren eigenen und anderen Gespenstern – als dürften wir uns nicht zu nahe kommen!« Er schwang sich über die Mauer einer alten Steinbar und stellte sich dahinter wie ein Kellner auf. Er blickte zur Decke, die der blanke Himmel war. »Ich möchte diese wunderbare weiße Wolke herunterziehen und in die dunklen Getränke mischen, die wir ausschenken.« Auch ich sah auf, der Wind erfaßte mich, der vom Meer kam, und ohne nachzudenken, in einer Besinnungslosigkeit, die ich sofort bereute, sagte ich: »Ich kenne einen Kirschbaum, der dieser Wolke in diesem Moment gleicht und der auch wie etwas unverwüstlich Weißes über der Welt hängt.« Er fragte: »Sie meinen den Kirschbaum unserer guten Freundin Anna Maria?« Ich bestätigte verwirrt: »Ja... Sie kennen sie?« Er dachte kurz nach und sagte: »Flüchtig. Ich möchte fast sagen, ich kenne sie dieses Kirschbaums wegen, obwohl ich sie nie besucht habe und daher den Kirschbaum nicht beurteilen kann. Aber ich habe mir eine Fotografie bei ihr ausgebeten, die sie mir gab, als ich einmal Gelegenheit hatte, mit ihr länger zu reden.« Es hätte mich nicht erstaunt, ihn kühl oder abfällig von ihr sprechen zu hören, weil Verlöbnisse ja selten im Guten gelöst werden, aber er spielte entweder meisterhaft ein Spiel, bei dem mir nicht klar wurde, worum es ging, oder jener Verehrer Anna Marias war damals völlig im Irrtum über die Dinge gewesen, die sie und den Selbstmörder betrafen. »Wie geht es Ihrer Freundin?« fragte er dann. Ich sah ihn an und erwiderte: »Aber wie soll ich das wissen! Wir sind nicht sehr gut befreundet miteinander!« »Nun«, sagte er, »ich dachte es mir, weil mein Freund (er nannte den Namen des Verehrers) mir kürzlich erzählte, Sie seien eng befreundet... Wenn ich mich recht erinnere, gab es da sogar ein paar komische Geschichten, und Anna Maria soll Ihnen übel mitgespielt haben. Darum sind Sie ihr wohl böse?« fragte er und lächelte ganz durchtrieben und erfüllt von Freude. »Welche Geschichten!« rief ich aus. Natürlich hätte, aufgrund irgendeiner guten Erziehung, dieser Mann mir niemals diese Geschichten erzählen dürfen, um keine Indiskretion zu begehen, oder um mich nicht zu kränken – ob sie nun auf Wahrheit beruhten oder nicht. Aber ihm kamen gar keine Bedenken, und ich hörte mir seine Erzählung kopflos an, ohne ihn daran zu hindern. Als er zu Ende war, rief ich: »Das ist nicht wahr und ganz unmöglich obendrein. Sie kennt mich kaum, und ich kenne sie kaum.« »Oh«, sagte er, »trotzdem ist das hübsch und Sie verstehen jetzt, daß ich lachen mußte.«

An demselben Abend, als ich aus dem Haus ging, um Blumen zu kaufen – ich wohnte in einer sehr abgelegenen Gegend in Rom –, sah ich Anna Maria diesen versteckten Platz überqueren, der so schön und goldbraun im Abendlicht ist und den ich nie überquerte, ohne etwas Neues zu entdecken, nie ohne Begeisterung über seinen rummelplatzhaften Lärm und seine exaltierten Marktweiber, den traurigen Muschelmann und die Blumenfrau, die nur grüßte, wenn sie etwas verkauft hatte. Anna Maria kam auf mich zu. Ich fühlte, wie ich rot wurde, und ich hielt ihr mein Gesicht hin in der Abendröte, sie mir das ihre, ich grüßte sie, und weil plötzlich einen Augenblick Stille auf dem Platz eintrat, so wie manchmal das bewegteste Meer eine Achtel- oder Sechzehntelpause macht, in der man den Atem anhält vor Schrecken und Entzücken, so hielt ich den Atem an, als ich meinen Gruß allein in der Stille hörte. Sie sah mich verwundert an, und da ich wußte, daß sie ganz vorzügliche Augen hatte, war ich sicher, daß sie mich erkannt hatte, aber nicht erkennen wollte. Gemächlich, wie irgendeinen Vorübergehenden, auf den ihr Blick gefallen wäre, musterte sie mich und ging weiter.

Die beiden Freunde, durch die ich Anna Maria kennengelernt hatte, wohnten kurze Zeit darauf bei mir, weil sie ihre Wohnung gekündigt hatten und ihre neue noch nicht beziehen konnten. Von Anna Maria wurde nie gesprochen. Aber als ich mit Costanza, die sich in langen, weißen Morgenröcken durch die Wohnung schleppte und den Staub von den alten Möbeln, die so schwer reinzuhalten waren, kehrte, allein war, sagte sie: »Man kann den Kopf nicht in den Sand stecken, wie du es tust, was ist bloß mit dir und Anna Maria?« Ich fuhr auf. »Mit mir und Anna Maria!« Costanza: »Du magst sie eben nicht. Aber Carlo ist ganz deiner Meinung!« Ich: »Meiner Meinung!« Costanza: »Er kann Frauen nicht leiden, die sich nicht waschen.« Ich hob die Hände und machte eine Bewegung, um sie zum Schweigen zu bringen. »Warum sollte sie sich denn nicht waschen, um Himmels willen«, sagte ich. »Frag mich nicht! Aber sie darf sich nicht wundern, daß niemand mit ihr zu tun haben will.« »Nein, nein«, sagte ich schmerzlich, und ich fühlte mich elend, weil ich etwas sagen mußte, was ich gar nicht sagen wollte, und zu dem Stoff beizutragen

anfing. »Sie war sehr begehrt, und ich glaube, da waren einige in sie verliebt in Venedig.« »Du warst in Venedig«, schrie sie, »nun erzähl einmal alles, obwohl ich vermutlich mehr weiß, als du wissen kannst!«
Ich erfuhr noch alles mögliche über Anna Maria, auch späterhin, und von den verschiedensten Leuten. In Paris hieß es, alle hätten sich von ihr zurückgezogen, weil sie sich unmöglich betragen habe; in Mailand hörte ich nur Gutes, und es wurde viel von ihren Bildern gesprochen. Sie galt ja bei den einen als einfach, mutig und begabt, bei den anderen als verlogen, intrigant und zudringlich, und die Meinung aller wechselte, als sie vor kurzem starb, und seither hörte ich von ihr meistens als von der »Ärmsten« sprechen.
Einen Freund, mit dem ich unlängst im Auto in der Nähe Pavias durch den kleinen Ort fuhr, in dem Anna Maria zuhause gewesen war und in dem ihr Kirschbaum stand, bat ich, vor dem kleinen Haus anzuhalten. Mit einem Mal dachte ich herzlich an die Malerin, fühlte mich von guten Gefühlen überschwemmt und glaubte, diesen Kirschbaum sehen zu müssen. Ich trat durch den Garten ein und hielt Ausschau nach der unverwüstlichen, weißen Blütenwolke. Ich entdeckte nicht einmal einen Baumstumpf und wollte schon umkehren, als mich eine ältere Frau, in der ich sogleich Anna Marias Mutter vermutete, der großen Ähnlichkeit wegen, anrief und nach meinen Wünschen fragte. Es fiel mir nicht schwer, zu erklären, warum ich hierher kam. Die Frau brach in Tränen aus, griff mit beiden Händen nach mir und lachte dann unter Tränen vor Freude: »Anna Maria hat soviel von Ihnen gesprochen, soviel von Ihnen erzählt.« Ich machte mich los und stand voll Verblüffung und im Aufruhr. »Das ist doch nicht möglich!« stammelte ich und unterbrach mich ihretwegen. Aber bei mir dachte ich: Was mag sie wohl

erzählt haben! Was kann sie bloß von mir gewußt und über mich gesagt haben?! Ich fühlte mein Gespenst einen Augenblick in diesem Haus umgehen und wünschte mich auf der Stelle weit fort. Beim Abschied gab mir die Frau ein in Seidenpapier gehülltes Bild der Tochter als Andenken mit. Wir hatten beide feuchte Augen, und im Gehen fragte ich sie nach dem Kirschbaum. »Es war kein besonders schöner Baum, und er wollte nicht einmal blühen. So ließ ich ihn schlagen, vor langem schon.« Ich winkte, schloß das Gartentor, lief über die Straße auf das Auto zu und stieg ein. Während wir weiterfuhren, versuchte ich, meinem Freund diesen Aufenthalt umständlich zu erklären, ohne einen Namen zu nennen, und löste dabei die Fotografie aus dem Seidenpapier. Ich starrte das Bild an, hob es ganz nah an die Augen, aber ich konnte mich nicht erinnern, dieses Gesicht je gesehen zu haben. Mein Denken setzte aus und dann wieder ein mit dem Gedanken: Das ist nicht Anna Maria! – »Aber das ist doch Anna Maria«, sagte überrascht mein Freund, der einen Augenblick von der Fahrbahn weg und auf das Bild sah. »Ich wußte nicht, daß du sie gekannt hast«, sagte ich. »Aber natürlich«, erwiderte er. »Anna Maria! Wenn du willst, kann ich dir ja alles erzählen...« Ich zündete rasch eine Zigarette für ihn an und steckte sie ihm zwischen die Lippen: »Ich bitte dich, sie ist doch tot«, sagte ich und zitterte noch immer. »Aber findest du, daß ihr das Bild ähnlich ist...?« Ich reichte ihm die Fotografie, und er sah sie noch einmal genau an. »Sehr«, sagte er.
In meinem Herzen dachte ich: es wird ihr noch oft ein Unrecht geschehen.

Was ich in Rom sah und hörte

In Rom sah ich, daß der Tiber nicht schön ist, aber unbekümmert um seine Kais, aus denen Ufer treten, an die keiner Hand legt. Die rostgebräunten Frachtschiffe benützt niemand, auch die Barken nicht. Sträucher und hohes Gras sind mit Schmutz beworfen, und auf den einsamen Balustraden schlafen in der Mittagshitze die Arbeiter regungslos. Noch nie hat sich einer umgedreht. Nie ist einer hinuntergestürzt. Sie schlafen, wo die Platanen ihnen einen Schatten aufschlagen, und ziehen sich den Himmel über den Kopf. Schön ist aber das Wasser des Flusses, schlammgrün oder blond – wie das Licht ihn strählt. Den Tiber soll man entlanggehen und nicht von den Brücken sehen, die als Wege zur Insel gedacht sind. Die Tiberina bewohnen die Noantri – wir anderen. Das ist so zu verstehen, daß sie, die Insel der Kranken und Toten seit alter Zeit, von uns anderen mitbewohnt werden will, mitbefahren, denn sie ist auch ein Schiff und treibt ganz langsam im Wasser mit allen Beladenen, in einem Fluß, der sie nicht als Last empfindet.

In Rom sah ich, daß die Peterskirche kleiner erscheint als ihre Maße und doch zu groß ist. Es heißt, Gott wollte seine Kirche auf einem Felsen und fest stehen haben. Diese nun erhebt sich über dem Grab ihres Heiligen, das man freilegt. So ist's der Heilige selbst, der sie in Gefahr bringt und schwächt. Trotzdem treten die großen Feste noch laut auf, mit Balletten in Purpur unter Baldachinen, und in den Nischen ersetzt Gold das Wachs. Chiesa granne divozzione poca. Noch sorgen die Armen in ihrer Behutsamkeit dafür, daß die Kirche nicht fällt, und der sie gegründet hat, verläßt sich schon auf den Schritt der Engel.

In Rom sah ich, daß dem Palazzo Cenci, in dem die unglückliche Beatrice vor ihrer Hinrichtung lebte, viele Häuser gleichen. Die Preise sind hoch und die Spuren der Barbarei überall. Auf den Terrassen morschen die Oleanderkübel zugunsten der weißen und roten Blüten; die möchten fortfliegen, denn sie kommen gegen den Geruch von Unrat und Verwesung nicht auf, der die Vergangenheit lebendiger macht als Denkmäler.
In Rom sah ich im Ghetto, daß noch nicht aller Tage Abend ist. Aber am Tag des Versöhnungsfestes wird für ein Jahr jedem im voraus verziehen. Nach der Synagoge ist in einer Trattoria die Tafel gerichtet, und die kleinen rötlichen Mittelmeerfische kommen, mit Rosinen und Pignolien gewürzt, auf den Tisch. Die Alten erinnern sich ihrer Freunde, die mit Gold aufgewogen wurden; als sie losgekauft waren, fuhren trotzdem die Lastwagen vor, und sie kamen nicht wieder. Aber die Enkelkinder, zwei kleine Mädchen in brennend roten Röcken und ein dickes blondes Kind, tanzen zwischen den Tischen und lassen die Augen nicht von den Musikanten. »Spielt weiter!« ruft das dicke Kind und schwenkt seine Mütze. Seine Großmutter beginnt zu lächeln, und der die Geige spielt, ist ganz weiß geworden und setzt einen Takt lang aus.
Ich sah auf dem Campo de' Fiori, daß Giordano Bruno noch immer verbrannt wird. Jeden Sonnabend, wenn um ihn herum die Buden abgerissen werden und nur mehr die Blumenfrauen zurückbleiben, wenn der Gestank von Fisch, Chlor und verfaultem Obst auf dem Platz verebbt, tragen die Männer den Abfall, der geblieben ist, nachdem alles verfeilscht wurde, vor seinen Augen zusammen und zünden den Haufen an. Wieder steigt Rauch auf, und die Flammen drehen sich in der Luft. Eine Frau schreit, und die anderen schreien mit.

Weil die Flammen farblos sind in dem starken Licht, sieht man nicht, wie weit sie reichen und wonach sie schlagen. Aber der Mann auf dem Sockel weiß es und widerruft dennoch nicht.

In einer römischen Bar sah und zählte ich: eine Katze mit witzigen Ohren und einem fast nackten Gesicht, weißen Beinkleidern und einer honigfarbenen Weste aus einer besseren Zeit. Einen Kellner, der den Kaffee verschüttete und die Aperitifgläser überschwappen ließ. Einen kleinen Jungen mit vorgebundener Schürze, der die Tassen und Gläser wusch und nie vor Mitternacht zu Bett ging. Gäste, die kamen und gingen, und einen Gast, der immer wieder kam und von kleinen Schlucken Bitterkeit lebte.

In Rom habe ich die großen Villen gesehen, mit natürlichen Pinien und Zedern, auch Buchs, zu Phantasiegetier geschnitten. Auf dem Kapitol den Lorbeerbaum und das verräterische wilde Gras im Forum, und gehört habe ich, wenn das Gras über die verschlagenen Säulen und zerbrochenen Mauern in der Dämmerung herfiel, den Lärm der Stadt, täuschend fern und sanft das Gleiten der Autos.

Ich sah, wo Roms Straßen ausfallen, den triumphalen Himmel in die Stadt einziehen, der sich unter kein Tor bückte und über die sieben Hügel verbreitete, blau nach Raubzügen an den Küsten Siziliens und voll von den Inselfrüchten des Tyrrhenischen Meers, unverwundet nach Überfällen ins Brigantenland der Abruzzen und schwarz von Schwalbentrauben, über den Apennin gerettet. Ich sah den gelobten Himmel aus Hermelin und den armseligen Himmel aus Sackleinwand, und ich sah in seinen größten Momenten seine Hand gelassen den goldenen Schnitt über den Dächern ausführen.

Daß jeder sich sein Haus baut, wie es ihm gefällt, habe

ich oft gesehen, und daß kein Plan besser eins ans andre fügt als Zufall und der Geschmack am Einzelnen. Aber kein Geschmack reicht aus, die Abstände zu schaffen, einsame Felder für Sonne und Schatten, und kein Zufall löst die Gleichung, in der die Schwere einer Mauer die Gewichtlosigkeit eines Turms ausdrückt. In alter Leinwand stecken die Häuser; vertrocknet sind die Farben darauf. Erst wenn Licht in den porösen Stoff eindringt, erscheint die Farbe, die wir sehen; ein zu jeder Verwandlung fähiges Braun.
In Rom sah ich, daß alles einen Namen hat und man die Namen kennen muß. Selbst Dinge wollen gerufen werden. Der Ludovisische Thron ist nicht mit dem letzten Gekrönten gefallen. Säulen sind vom Tempel der Venus stehen geblieben – von diesem Tempel und keinem anderen. Der Kopf der heiligen Agnes ist geschrumpft, aber nicht zu dem einer Lederpuppe geworden. Nach vielen Päpsten wird dieser Papst in der Sänfte getragen, und der Segen gilt urbi et orbi. Die Geschlechter heißen: Corsini und Pignatelli, Ruspoli und Odescalchi, Farnese und Barberini, Aldobrandini... Sie heißen noch so, wenn in einem Campagnaschloß die Obdachlosen ihre Eisenbetten aufstellen und ihre Wasserbehälter auf den Sarkophagen stapeln. Der Letzte der Familie ist längst weggezogen. In der Stadt sind seine Zimmer mit schwarzem Brokat ausgeschlagen; auf einem schwarzen Flügel spielt er blaublütige Chansons. Wenn er seinen Namen hört, erschrickt er. Anders war das Tier, das nicht vom Fleisch nahm, sondern in seinem Fleisch die Nahrung für eine Geschichte erzeugte, der es voranging: die Wölfin.
Ich sah, daß wer »Rom« sagt, noch die Welt nennt und der Schlüssel der Kraft vier Buchstaben sind. S. P. Q. R. Wer die Formel hat, kann die Bücher zuschlagen. Er kann sie ablesen von dem Wappenschild der vorüber-

fahrenden Autobusse, von der Platte eines Kanaleinstiegs. Sie ist der Ausweis der Brunnen und der besteuerten Getränke; das Zeichen der einzigen Hoheit, die ohne Unterbrechung die Stadt regierte.
Auf dem Bahnhof Termini sah ich, daß in Rom die Abschiede leichter genommen werden als anderswo. Denn die fortfahren, lassen denen, die bleiben, einen Gepäckschein auf Sehnsucht zurück. An den Bahnhof grenzt ja ein Rest der Diokletiansmauer, und gegen die neue schwebende Glaswand gestochen erscheinen drei Zypressen in einer unmißverständlichen Schrift. Das Klassische ist das Einfachste, und alte und neue Texte vertreten es gleich gut.
Wer ein Geldstück in die Fontana di Trevi wirft, um wiederzukommen, fürchtet, es könnte nicht angenommen werden. Aber er kann getrost sein. Nachts setzt sich ein Junge auf den Brunnenrand und pfeift, lockt die andern hevor. Wenn alle sich versammelt haben, legt der Junge die Kleider ab und steigt lässig ins Wasser. Mond belichtet die Szene, während er sich fröstelnd bückt und die Münzen einsammelt. Am Ende pfeift er wieder, und in seinen Händen verschmelzen alle Währungen zu Silber. Die Beute ist unteilbar unter dem Mond, denn der Junge hat das Aussehen eines Gottes gegenüber den andern, die ihre Gestalten billigen Anzügen verdanken.
Schwer zu sehen ist, was unter der Erde liegt: Wasserstätten und Todesstätten. Treppen führen hinunter zu Zisternen, die der Wind ausgetrunken hat, zu Brunnenhäusern, von Kragstein überwölbt und in weichen Tuff gehöhlt, zu Blutstropfen, die Quellen auslösten. Die Wege senken sich in die Katakomben. Ein Zündholz wird angeritzt. Seine Flamme dehnt sich nach den Sinnbildern. Für einen Augenblick erscheinen: Fisch, Pfau und Taube, Anker und Kreuz, Speise und Trank.

Das Zündholz erlischt rasch, und die vor dir gehen, drängen nach oben. In der Kurve bleibt einer stehen und fragt: Woher weht der Wind?
Wenn mir Hören und Sehen verging in Rom, kam der Schirokko und hatte über den Adlerwind aus den Bergen gewonnen. Die Sonne trug dann ein Hemd und leuchtete in falschem Licht. Es ist die Zeit, in der die Unglücke zunehmen und ein liebloses Wort leicht gesprochen wird. Denn der warme Wind greift zurück auf die Wüste. Manchmal läßt er's wissen, streut roten Sand über die erschlaffte Stadt und haucht sie an, daß sie besinnungslos wird. Wenn der Schirokko geht, tut er's heimlich und mitten in der Nacht, während wir vergeßlich schlafen. Aber morgens, gegen drei, fällt Tau. Wer da wach liegen und seine Lippen feuchten könnte!
In Rom habe ich in der Früh vom Protestantischen Friedhof zum Testaccio hinübergesehen und meinen Kummer dazugeworfen. Wer sich abmüht, die Erde aufzukratzen, findet den der andern darunter. Für den Friedhof, der an der Aurelianischen Mauer Schatten sucht, sind die Scherben auf dem Testaccio nicht gezählt, aber gering. Er hält sich eine große Wolke wie eine Muschel ans Ohr und hört nur mehr einen Ton. In den sind eingegangen: »One whose name was writ in water«, und neben Keats Versen eine Handvoll Verse von Shelley. Von Humboldts kleinem Sohn, der am Sumpffieber starb, kein Wort. Und von August von Goethe auch kein Wort. Von den stummen Malern Karstens und Marées sind einige Linien geblieben, ein Farbfleck, ein wissendes Blau. Von den anderen Stummen wußte man nie etwas.
In Rom freilich habe ich gehört, daß mancher das Brot hat, aber nicht die Zähne, und daß die Fliegen auf die mageren Pferde gehen. Daß dem einen viel und dem

anderen nichts geschenkt ist; daß, wer zuviel zieht, zerreißt und nur eine feste Säule das Haus hundert Jahre aufrecht hält. Ich hörte, daß es in der Welt mehr Zeit als Verstand gibt, aber das uns die Augen zum Sehen gegeben sind.

Simultan

Bože moj! hatte sie kalte Füße, aber das mußte endlich Paestum sein, es gibt da dieses alte Hotel, ich versteh nicht, wie mir der Name, er wird mir gleich einfallen, ich habe ihn auf der Zunge, nur fiel er ihr nicht ein, sie kurbelte das Fenster herunter und starrte angestrengt seitwärts und nach vorne, sie suchte den Weg, der nach rechts, credimi, te lo giuro, dico a destra, abbiegen mußte. Dann war es also das Nettuno. Als er an der Kreuzung verlangsamte und den Scheinwerfer aufblendete, entdeckte sie sofort das Schild, angeleuchtet im Dunkel, unter einem Dutzend Hotelschildern und Pfeilen, die zu Bars und Strandbädern wiesen, sie murmelte, das war aber früher ganz anders, hier war doch nichts, einfach nichts, noch vor fünf sechs Jahren, nein wirklich, das ist doch nicht möglich.

Sie hörte den Kies knirschen unter den Rädern und Steine zurückschlagen gegen die Karosserie, blieb zusammengesunken sitzen, massierte sich den Hals, streckte sich dann gähnend, und als er zurückkam, sagte er, damit sei es nichts, sie müßten in eines der neuen Hotels gehen, hier überzogen sie nicht einmal mehr die Betten, es gab keine Gäste mehr für alte Hotels neben Tempeln, inmitten von Rosen und unter Bougainvilleen, und sie war enttäuscht und erleichtert, es sei ihr übrigens auch völlig gleichgültig, todmüde, wie sie sei.

Im Fahren hatten sie wenig miteinander reden können, auf der Autobahn war immer dieses scharfe Geräusch da, vom Wind, von der Geschwindigkeit, das beide schweigen ließ, nur vor der Ausfahrt in Salerno, die sie eine Stunde lang nicht finden konnten, gab es dies und jenes zu bemerken, einmal französisch, dann wieder englisch, italienisch konnte er noch nicht besonders gut, und mit der Zeit nahm sie den alten Singsang wieder an, sie melodierte ihre deutschen Sätze und stimmte sie auf seine nachlässigen deutschen Sätze ein, wie aufregend, daß sie wieder so reden konnte, nach zehn Jahren, es gefiel ihr mehr und mehr, und nun gar reisen, mit jemand aus Wien! Sie wußte bloß nicht, was sie deswegen einander zu sagen hatten, nur weil sie beide aus dieser Stadt kamen und eine ähnliche Art zu sprechen und beiseite zu sprechen hatten, vielleicht hatte sie auch nur, nach einem dritten Whisky auf der Dachterrasse im Hilton, geglaubt, er bringe ihr etwas zurück, einen vermißten Geschmack, einen fehlenden Tonfall, ein geisterhaftes Gefühl von einem Daheim, das nirgends mehr für sie war.

Er hatte in Hietzing gewohnt, dann brach er ab, etwas mußte also noch in Hietzing geblieben sein, schwer auszusprechen, und sie war aufgewachsen in der Josefstadt, Wickenburggasse, dann kam das unvermeidliche name-dropping, sie tasteten das Wiener Terrain ab, fanden aber keine gemeinsamen Leute, die ihnen weitergeholfen hätten, die Jordans, die Altenwyls, von denen wußte sie natürlich, wer die waren, aber kennengelernt, nie, die Löwenfelds kannte sie nicht, Deutschs auch nicht, ich bin schon zu lange weg, mit neunzehn bin ich weg, ich spreche nie mehr deutsch, nur wenn es gebraucht wird, dann natürlich, aber das ist etwas anderes, für den Gebrauch. Auf dem römischen Kongreß hatte sie zuerst Mühe gehabt, eigentlich eher Lampenfieber, wegen Italienisch, es war dann aber sehr gut gegangen, für ihn war das natürlich unbegreiflich, wenn man, wie sie, so viele Diplome in der Tasche hatte, sie erwähnte es auch nur, weil sie einander sonst nie kennengelernt hätten und sie doch keine blasse, nicht einmal die blasseste Ahnung, eben nach dieser Überanstrengung und mit allen Gedanken woanders, in dieser Hilton-Pergola danach, und er in der FAO brauchte also nur Englisch und Französisch, so? und Spanisch konnte er recht gut lesen, aber wenn er nun in Rom bleiben wollte, dann war es doch ratsam, und er schwankte zwischen Privatstunden und einem Italienischkursus, den die FAO organisierte.

Er war einige Jahre lang in Rourkela gewesen und zwei Jahre in Afrika, in Ghana, dann in Gabun, länger in Amerika selbstverständlich, sogar ein paar Jahre zur Schule dort gegangen, während der Emigration, sie irrten beide die halbe Welt ab, und am Ende wußten sie ungefähr, wo sie, von Zeit zu Zeit, gewesen waren, wo sie gedolmetscht und er etwas erforscht hatte, was denn bloß? fragte sie sich, aber sie fragte es nicht laut, und sie kehrten aus Indien wieder nach Genf zurück, wo sie studiert hatte, zu den ersten Abrüstungskonferenzen, sie war sehr gut, sie wußte es auch, sie wurde hoch bezahlt, zu Hause hätte sie es nie ausgehalten mit ihrem Selbständigkeitsdrang, es ist eine so unglaublich anstrengende Arbeit, aber ich mag das eben trotzdem, nein, heiraten, nie, sie würde ganz gewiß nie heiraten.

Die Städte wirbelten auf in der Nacht, Bangkok, London, Rio, Cannes, dann wieder Genf unvermeidlich, Paris auch unvermeidlich. Nur San Francisco, das bedauerte sie lebhaft, no, never, und gerade das hatte sie sich immer gewünscht, after all those dreadful places there, und immer nur Washington, grauenhaft, ja, er auch, er hatte es auch grauenhaft gefunden und er könnte dort nicht, nein sie auch nicht, dann schwiegen sie, ausgelaugt, und nach einer Weile stöhnte sie ein wenig, please, would you mind, je suis terriblement fatiguée, mais quand-même, c'est drôle, n'est-ce pas, d'être parti ensemble, tu trouves pas? I was flabbergasted when Mr. Keen asked me, no, of course not, I just call him Mr. Keen, denn er schien immerzu keen auf etwas zu sein, auch auf sie während der Party im Hilton, but let's talk about something more pleasant, I utterly disliked him.

Mr. Keen, der nicht so hieß und der Mr. Ludwig Frankel in der FAO-Hierarchie im Weg stand, war vor den Bahnschranken von Battipaglia ein Gegenstand gemeinsamen Interesses, erwies sich aber auch als wenig ergiebig, da sie ihn ja nur einmal gesehen hatte und Mr. Frankel ihn auch erst seit drei Monaten um sich und über sich hatte, einen hemdsärmeligen Amerikaner, un casse-pied monolingue, emmerdant, aber, wie er sich ohnmächtig zugeben mußte, sonst ein ganz entwaffnend hilfsbereiter und argloser Mensch. Sie mußte noch einmal mißbilligen und weiterreden, I couldn't agree more with you, I was just disgusted, the way he behaved, und was hatte der Mann sich eingebildet mit seinen gut und reichlich fünfzig Jahren und einer schon kaum mehr zu übersehenden Glatze unter den dünnen Haaren, und sie fuhr ihrem Mr. Frankel durch die vielen dunklen Haare und legte ihm die Hand auf die Schulter.

Er war nicht geschieden, das nicht, aber in der Scheidung, die eine Frau Frankel in Hietzing und er nur langsam betrieben, er war sich noch immer nicht schlüssig, ob eine Scheidung das Richtige war. Bei ihr wäre es fast bis zu einer Heirat gekommen, aber kurz davor doch auseinandergegangen, und über das Warum hatte sie jahrelang nachgedacht, und nie kam sie auf den Grund, nie vermochte sie einzusehen, was damals vorgefallen war. Als sie am Lido von Paestum hielten und sie wieder im Auto wartete, während er sich in den neuen Hotels umsah und verhandelte, fiel es ihr halbwegs ein, denn es hatte niemand Dritten gegeben und keine Zerrüttung, so etwas gab es jedenfalls nicht für sie, so was würde sie niemals zugelassen haben, obwohl sie Leute kannte, denen ekelhafte Dinge passierten oder die in theatralischen Vorstellungen dachten oder vielleicht brockten die sich solche Geschichten einfach ein, damit sie etwas erlebten, how abominable, wie geschmacklos, alles, was degoutant war, hatte sie in ihrer Nähe nie aufkommen lassen, nur gegangen war es doch nicht, weil sie ihm nicht zuhören konnte, höchstens wenn sie beisammen lagen und er ihr wieder und wieder versicherte, wie sehr ihm dies und jenes an ihr, und er gab ihr viele winzige Namen, die anfingen mit: ma petite chérie, und sie ihm viele große Namen, die endeten mit: mon grand chéri, und sie waren ineinander verhängt gewesen, leidenschaftlich, sie hing vielleicht noch heute an ihm, das war der beste Ausdruck dafür, an einem zu einem Schemen gewordenen Mann, aber wenn sie damals aufgestanden waren am späten Vormittag oder am späten Nachmittag, weil man doch nicht immerzu aneinander hängen konnte, dann redete er von etwas, was sie nicht interessierte, oder er erzählte ihr, wie jemand, der verkalkt ist, und er konnte doch nicht mit dreißig schon an einer schweren Arteriosklerose leiden, drei oder vier wichtige Ereignisse aus seinem Leben und gelegentlich noch einige kleinere Begebenheiten, sie kannte sie alle nach den ersten Tagen auswendig, und gesetzt den Fall, sie hätte, wie andere, die ihr Privatleben den Gerichten dieser Welt auslieferten, vor einen Richter treten müssen, um sich zu verteidigen oder um anzuklagen, so wäre weiter nichts herausgekommen, als daß es eine Zumutung für einen Mann war, wenn eine Frau ihm nicht zuhörte, aber auch eine Zumutung für sie, weil sie ihn anhören mußte, denn meistens hatte er sie belehrt oder ihr etwas erklärt, das Thermometer und das Barometer, wie Eisenbeton hergestellt wurde und wie Bier, was der Raketenantrieb war und warum Flugzeuge fliegen, wie die Situation in Algerien früher und danach war, und sie, mit ihren riesigen kindlich aufgerissenen Augen, hatte getan, als hörte sie zu, in Gedanken immer woanders, bei ihm und ihrer Empfindung für ihn, Stunden zurück oder um Stunden voraus, nur im Augenblick konnte sie nichts für ihn aufbringen, schon gar nicht Aufmerksamkeit, und erst jetzt, viele Jahre zu spät, kam aus ihr die Antwort auf eine unwichtig gewordene Frage, auf ein immer leiseres, fast schon erlöschendes Warum. Die Antwort kam, weil sie sie nicht französisch suchte, sondern in ihrer eigenen Sprache, und weil sie jetzt mit einem Mann reden konnte, der ihr die Sprache zurückgab und der, dessen war sie sicher, terribly nice war, sie hatte nur noch kein einziges Mal Ludwig zu ihm gesagt, weil seine Freunde und seine Familie ihn unmöglich so nennen konnten. Sie überlegte, wie sie diese drei oder vier Tage lang ohne seinen Vornamen auskommen könne, sie würde einfach darling oder caro oder mein Lieber sagen, und als er die Wagentür auf ihrer Seite aufmachte, hatte sie schon verstanden und stieg aus, er hatte also zwei Zimmer im selben Stockwerk gefunden. Er suchte ihr die Tasche, das Kopftuch und das Plaid heraus, und eh der Hausdiener kam, überfiel sie ihn von hinten, umarmte ihn ungeschickt und sagte heftig, I'm simply glad we've met, you are terribly nice to me, and I do not even deserve it.

Im Speisesaal, in dem abgeräumt wurde, waren sie die letzten, mit der letzten lauen Suppe. Dieser panierte Fisch, ist das Kabeljau, tiefgefroren? Sie stocherte lustlos in dem Fisch herum, haben die hier keine Fische mehr, mit dem Mittelmeer vor der Tür? In Rourkela, da hatte man das Gefühl gehabt, wirklich etwas tun zu können, es war seine beste Zeit gewesen, in Indien, trotz allem, er zog mit der Gabel über das weiße Tischtuch die Eisenbahnlinie Calcutta–Bombay, ungefähr hier mußt du es dir vorstellen, praktisch haben wir mit einem Bulldozer angefangen und selbst die ersten Baracken gebaut, nach drei Jahren spätestens ist jeder völlig verbraucht, ich bin genau 21 mal hin- und hergeflogen zwischen Calcutta und Europa, und dann hatte ich genug. Als der Wein doch noch gebracht wurde, erläuterte sie es nachsichtig, sie waren immer zu zweit in einer Kabine, nicht wie Pilot und Co-Pilot, nein, natürlich nur, um sofort wechseln zu können nach zwanzig Minuten, das war die vernünftigste Zeit, länger konnte man nicht übersetzen, obwohl man manchmal dreißig oder gar vierzig Minuten aushalten mußte, der reine Wahnsinn, an den Vormittagen ging es noch, aber nachmittags wurde es immer schwerer, sich zu konzentrieren, es war dieses fanatisch genaue Zuhören, dieses totale sich Versenken in eine andere Stimme, und ein Schaltbrett war ja einfach zu bedienen, aber ihr Kopf, just imagine, t'immagini! In den Pausen trank sie aus einer Thermosflasche warmes Wasser mit Honig, jeder hatte seine eigene Methode, sich über den Tag zu bringen, aber am Abend kann ich kaum noch die Zeitung in der Hand halten, es ist wichtig, daß ich regelmäßig alle großen Zeitungen lese, ich muß den Wendungen auf der Spur bleiben, den neuen Ausdrücken, aber die Terminologien, das gerade war das wenigste, da gab es die Berichte, die Listen, die mußte sie vorher auswendig lernen, Chemie mochte sie nicht, Landwirtschaft sehr, Flüchtlingsprobleme, das ging, wenn sie für die Vereinten Nationen arbeitete, aber Unions des Postes Universelles und International Unions of Marine Insurance, das waren ihre letzten Alpträume gewesen, die mit nur zwei Sprachen hatten es eben leichter, sie aber, sie lernte schon frühmorgens, wenn sie ihre Atemübungen und ihre Gymnastik machte, sie war einmal in einem Krankenhaus gewesen, wo ein Arzt ihr das Autogene Training beigebracht hatte, und sie wandelte das jetzt für sich ab, nicht sehr orthodox, aber es half ihr sehr. Es ist mir damals sehr schlecht gegangen.

Mr. Frankel, dem es offenbar nie schlecht gegangen war, wunderte sich aber nicht, daß sie öfters schloß mit einem Satz: damals ist es mir gar nicht gut gegangen. Oder: damals ist es mir schlecht gegangen. Actually, basically, was man schon so perfekt nannte, als ob es das geben könnte! Eine Russin, eine ältere Frau übrigens, die bewunderte sie am meisten, sie hatte dreizehn Sprachen, she really does them, siehst du, ich weiß nicht, wie ich es sagen soll, gestand sie verwirrt, mit der Zeit wolle sie eine Sprache fallenlassen, Russisch oder Italienisch, es zerstört mich, ich komme ins Hotel, trinke einen Whisky, kann nichts mehr hören, nichts sehen und sitze ausgewrungen da, mit meinen Mappen und Zeitungen. Sie lachte, da war dieser Zwischenfall in Rio gewesen, nicht mit der Russin, mit einem Jungen von der sowjetischen Delegation, der mitkontrollierte, denn ihr Co-Dolmetscher hatte übersetzt, der amerikanische Delegierte sei ein silly man, und nun bestanden die todernst darauf, daß durak stupid heiße, nicht mehr und nicht weniger, und sie hatten alle etwas zum Lachen gehabt, ja manchmal sogar das.

Deutsch, das ist doch schon im Verschwinden, sagte er, uns kommt es jedenfalls so vor, aber ob das auch die anderen schon zu merken anfangen, was meinst du? Als sie im Gehen waren, fing er wieder an: was meinst du, wird es einmal eine einzige Sprache geben? Sie hörte nicht zu oder hörte es wirklich nicht, und auf der Stiege lehnte sie sich an ihn, tat, als könnte sie kaum mehr gehen, und er zog sie mit sich. Tu dois me mettre dans les draps tout de suite. Mais oui. Tu seras gentil avec moi? Mais non. Tu vas me raconter un tout petit rien? Mais bien sûr, ça oui.
Er sah noch einmal in ihr Zimmer, fragte leise: Nadja, Nadja? und schloß fast geräuschlos die Tür, ging zurück in sein Zimmer, in dem sie eben noch gewesen war, und fand das Bett noch warm und mit ihrem Geruch vor, sie hatte es ihm schon bei der Abreise in Rom gesagt, sie könne nicht mehr, nach einem Schock, seit langer Zeit schon, später würde sie es ihm erklären, mit jemand in einem Zimmer oder gar in einem Bett schlafen, und er war erleichtert gewesen, daß sie ihm mit dieser Geschichte gekommen war, denn er hatte auch nicht die geringste Lust, war viel zu nervös und Alleinsein zu sehr gewohnt. In diesem Hotel, trotz der Steinböden, krachte es nun, die Terrassentür bewegte sich greinend, ein Moskito sirrte im Zimmer, er rauchte und rechnete, seit drei Jahren war ihm das nicht mehr passiert, nichts, was von der Gewohnheit abwich, und mit einer wildfremden Person, Hals über Kopf, ohne jemand ein Wort zu sagen, das Wetter war bedenklich und eine entsetzliche Öde in ihm, der Moskito stach jetzt zu, er schlug sich auf den Hals und traf ihn wieder nicht, hoffentlich will sie morgen diese Tempel nicht sehen, wenn sie sie doch schon zweimal gesehen hat, morgen früh gleich weiter, in ein kleines Fischerdorf am besten, ein ganz kleines Hotel, weg von

diesem Touristenstrom, weg von allem, und wenn das Bargeld nicht reichte, er hatte sein Scheckheft, aber ob die in diesen Nestern überhaupt wußten, was ein Scheck war, jedenfalls hatte er eine CD-Nummer, die nie ihre Wirkung verfehlte, und die Hauptsache war schließlich, daß es zwischen ihnen beiden ging, nichts komplizierte sich mit ihr, und in einer Woche würde sie nach Holland verschwunden sein, seine einzige Betroffenheit rührte daher, daß er sie, vor einer Woche in Rom, an diesem Samstag, so bekommen hatte, als könnte etwas Einfaches sich wiederherstellen in seinem Leben, eine in Vergessenheit geratene schmerzliche Freude, von der er ein paar Tage lang so verwandelt war, daß auch die Leute in der FAO etwas merkten, zwischen well well, okay okay, you got that? er drückte die Zigarette aus, die Schläfrigkeit, kaum da, wurde zerstreut durch eine Musik, die über den Gang getragen wurde, Strangers in the night, nebenan wurden Zimmertüren aufgesperrt, und in ihm verwirrte sich der Titel zu Tender is the night, er mußte das Beste aus diesen Tagen machen, im Waschbecken gurgelte plötzlich das Wasser, röhrte, er schrak wieder auf, jetzt redeten die nebenan laut, ein unmögliches Hotel, diese zitternde Unruhe in der Nacht, lo scirocco, sto proprio male, in Calcutta oder wo hatte das angefangen, und jetzt in Rom kam die Beklemmung immer häufiger, the board, the staff, das neue Projekt, tired, I'm tired, I'm fed up, er nahm doch, im Dunkeln danach tastend, das Valium 5, I can't fall asleep anymore without it, it's ridiculous, it's a shame, but it was too much today, dieses Gehetze und die Bank schon geschlossen, aber er wollte weg aus der Stadt mit ihr, she is such a sweet und gentle fanciulla, not very young but looking girlish as I like it, with these huge eyes, and I won't have me hoping that it's possible to be happy, but I couldn't help that, I was immediately happy with her.

Sie gingen rasch bis zum zweiten Tempel und, nach einem Blickwechsel, kehrten sie vor dem dritten um. Er hielt den Reiseführer aufgeschlagen in der Hand, las gedankenlos einen Absatz, aber da sie nichts wissen wollte, erklärte er ihr besser nichts. Sie schlenderten zu dem Garten des NETTUNO, in dem viele verlassene Liegestühle standen, suchten sich einen Platz, von dem aus man die Tempel sehen konnte, bestellten Kaffee und redeten. Es ist ein so absonderliches Jahr heuer, er gab ihr recht, es war bestimmt Schirokko, es ist sonderbar und drückend, immer ist es zu heiß oder zu kalt oder zu schwül, wo ich auch bin, es ist sonderbar, nun ging das schon so jahraus, jahrein. Tu es sûr qu'il s'agit des phénomènes météorologiques? etwas Kosmisches? moi non, je crains plutôt que ce soit quelque chose dans nous-mêmes qui ne marche plus. Griechenland war auch nicht mehr, was es damals oder gestern gewesen war, es war überhaupt nichts mehr, wie man es zuerst, vor zehn, fünfzehn Jahren kennengelernt hatte, und wenn er sich gar vorstellte, was in zwei Jahrtausenden passiert war, wo er kaum fähig war, diese kleine Zeitspanne und seine eigene Geschichte zu übersehen und sich vorzuhalten, kam es ihm überwältigend und irrsinnig vor, daß man hier einfach Kaffee trinken und zugleich auf griechische Tempel schauen konnte – come fosse niente, fiel sie ein, und er verstand nicht, was sie denn von seinem Gedankengang erraten konnte, den er für sich behielt und selber nicht recht begriff. Mit wem sie diese Tempel früher gesehen hatte, das ging ihn selbstverständlich nichts an, aber warum sie sie auf einmal nicht mehr sehen will? Er war bestimmt nicht der Grund dafür, es mußte etwas anderes sein, aber sie redete über alles und jedes hinweg, und was er bisher von ihr wußte, war etwas von einem Schock, but who cares, und daß es ihr öfters schlechtgegangen war.

Noch als er sie in Rom im Hotel abgeholt hatte, war ihr der Aufbruch wie der in ein übliches Abenteuer vorgekommen, aber je weiter sie sich entfernte von ihrem Standplatz, der wichtiger für sie war als für andere ein Zuhause und von dem ein Sich-Entfernen daher viel heikler ist, desto unsicherer fühlte sie sich. Sie war keine selbstsichere Erscheinung mehr in einer Halle, in einer Bar, entworfen von VOGUE oder GLAMOUR, zur richtigen Stunde im richtigen Kleid, fast nichts mehr deutete auf ihre Identität hin, sie sah aus wie eine beliebige Person mit ihren verwaschenen Blue jeans und der zu knappen Bluse, mit einem Koffer und einer Badetasche, er hätte sie ebensogut auf der Straße aufgelesen haben können. Damit er nicht merkte, wie sie es fürchtete, auf ihn angewiesen zu sein, bemühte sie sich, ihn fühlen zu lassen, daß es ohne ihre Ortskenntnisse und Orientierungskünste nicht ging. Sie blätterte in den Straßenkarten, die alle nicht mehr neu waren und überholt, unterwegs, an einer Tankstelle, kaufte sie noch eine Karte über den Küstenabschnitt, die dann wieder nicht stimmte, aber er wollte es nicht glauben, chauffierte mit der linken Hand und dem linken Auge, um auch in die Karte schauen zu können, und sie durfte sich nicht aufregen, weil er nicht wissen konnte, daß sie besser als jeder Portier, jeder Angestellte in einem Reisebüro und jede Auskunft in Kursbüchern, Straßenkarten und Flugplänen zu lesen verstand, alles, was mit Verbindungen und Anschlüssen zusammenhing, war doch ihr Leben, und als er nun ihre Gereiztheit und ihren Unmut merkte, zog er sie zum Scherz am Ohr, non guardare, così brutto. Du, ich brauch meine Ohren, veux-tu me laisser tranquille! Sie verschluckte ein »chéri«, weil das einmal Jean Pierre gehört hatte, sie rieb sich beide Ohren, wo sonst ihre Kopfhörer anlagen, ihre Schaltungen automatisch funktionierten und die Sprachbrüche stattfanden. Was für ein seltsamer Mechanismus war sie doch, ohne einen einzigen Gedanken im Kopf zu haben, lebte sie, eingetaucht in die Sätze anderer, und mußte nachtwandlerisch mit gleichen, aber anderslautenden Sätzen sofort nachkommen, sie konnte aus »machen« to make, faire, fare, hacer und delat' machen, jedes Wort konnte sie so auf einer Rolle sechsmal herumdrehen, sie durfte nur nicht denken, daß machen wirklich machen, faire faire, fare fare, delat' delat' bedeutete, das konnte ihren Kopf unbrauchbar machen, und sie mußte schon aufpassen, daß sie eines Tages nicht von den Wortmassen verschüttet wurde.

Nachher: die Hallen in den Kongreßgebäuden, die Hotelhallen, die Bars, die Männer, die Routine, mit ihnen umzugehen, und viele lange einsame Nächte und viele zu kurze und auch einsame Nächte, und immer diese Männer mit ihren Wichtigkeiten und ihren Witzen zwischen den Wichtigkeiten, die entweder verheiratet und aufgedunsen und betrunken waren oder zufällig schlank und verheiratet und betrunken oder ganz nett und arg neurotisch oder sehr nett und homosexuell, sie dachte da besonders an Genf. Sie sprach wieder von der ersten Zeit in Genf, dem unvermeidlichen, und einigermaßen könne sie verstehen, was er am Morgen im Garten gedacht habe, denn wenn man einen kleinen Zeitraum ansehe, oder einen großen, wofür es bei ihr, zugegeben, nicht ganz reichte, wenn das für ihr kurzes Leben galt, was allein in Genf geschehen war und auch nicht geschehen war, dann war das eben nicht zu fassen, und wo nehmen die anderen Menschen bloß die Fassungskraft her, ich weiß nur, bei mir wird sie immer schwächer, ich bin entweder zu nahe daran, durch die Arbeit, oder wenn ich weggehe und mich in ein Zimmer einschließe, zu fern, ich kann es nicht fassen. Er legte ihr die Hand zwischen die Beine, und sie sah geradeaus, als merkte sie es nicht, aber wenn er es nicht tat, sie vergaß und sich auf das Fahren konzentrierte, forderte sie ihn heraus, und er schlug ihr auf die Hand, come on, you just behave, you don't want me to drive us into this abyss, I hope. Es ging sie beide wirklich nichts an, was in diesen Tagen geschah in der Welt, wie sich alles veränderte und warum es immer auswegloser wurde, er hatte nur darauf zu achten, daß sie die Abzweigung nach Palinuro fanden, auf nichts sonst, und auf diese fremde Frau mußte er achten, mit der er aus der Welt herausfuhr, er ärgerte sich nur, daß sein Kopf nichts verdrängte, was er hinter sich lassen wollte, ja, er wollte heraus für eine Weile, mit einer großen Wut, weil diese Tage ihm und nicht Food and Agriculture gehörten und weil ihm sowieso zu seinem Leben nichts mehr einfiel, weil er es durchschaute, wie die anderen es fertigbrachten, so zu tun, als wüßten sie, was sie wollten, alle, die er kannte, mit ihren Geschichten, ob sie nun halb wahr oder halb erlogen waren, bemitleidenswert, komisch oder irrsinnig, lauter gescheiterte Existenzen, die sich höher drängten, in immer bessere Stellungen, von P3 zu P4, um ehrgeizig nach dem P5 zu schielen, oder die steckenblieben oder nach unten fielen, als wäre im Steigen und Fallen ein Ersatz zu finden für eine Position, die weg war, für einen Schwung, der weg war, weg die Freude, für immer.

Seine Hand lag jetzt immer ruhig auf ihrem Knie, und sie fand es sehr vertraut, so zu fahren, wie in vielen Autos mit einem Mann, wie mit allen Männern in einem Auto, trotzdem mußte sie sich zusammennehmen, sie mußte, mußte jetzt und hier sein, nicht in einer früheren Zeit, nicht sonstwo auf einer Straße, nicht früher in diesem Land, sondern mit Mr. Ludwig Frankel, Welthandelsstudium in Wien, dann die halbe Welt, mit Diplomatenstatus und einer CD-Nummer, die hier aber keine Vorteile brachte auf einer Steilküste, an einem äußersten Rand. Ja, just behave yourself! wenn sie nun aber nicht mehr wollte und ihm ins Steuer fiel, wenn sie es nur ein wenig verriß, dann konnte sie sich überschlagen mit ihm, eine Zusammengehörigkeit herstellen ein einziges Mal und abstürzen mit ihm ohne Bedauern. Sie nahm einige Schlucke aus ihrer Thermosflasche und schluckte eine Tablette mit, o nichts, nur diese lästigen Kopfschmerzen, die sie oft bekam, die ganze Küste unmöglich, diese Orte waren doch unerträglich, wo sie auch ausscherten und etwas suchten, waren Campingplätze, Rummelplätze oder kleine zuganglose Strände, tief unten. Wir schlafen noch im Auto heute nacht, sagte sie jammernd. In Sapri war es wieder nichts, dann schrie sie einmal auf, aber zu spät, an einem baumlosen düsteren flachen Strand hatte sie einen Betonkasten gesehen, mit einer Leuchtschrift HOTEL, wir müssen eben dahin zurück, wenn wir nichts finden. Um zehn Uhr abends war auch er bereit, aufzugeben. Das mußte Maratea sein, sagte sie, es ist zehn nach zehn, denn das letzte, was sie überall und immer wußte, war, wie spät es war und an welchem Ort sie sich befand. Ich sag dir doch, fahr dort hinunter, ti supplico, dico a sinistra, er wendete und sie dirigierte ihn, es hing etwas an einem Faden in ihr, wenn sie sich bloß noch beherrschte und ihre Stimme nicht zu kippen anfing, und sie sagte sehr ruhig etwas, nur um etwas zu sagen, bevor er hielt: sud'ba, Maratea, sud'ba.

Sie wartete nicht im Auto, sondern stieg taumelnd und lufthungrig aus, und als sie die Treppe zum Eingang hinaufging, fühlte sie es, ohne viel zu sehen, geblendet von den Lichtern, wie jemand, der eine gewohnte Umgebung riecht: das war nicht das kleine oder größere Hotel in einem Fischerdorf, sondern ein ganz anderes Hotel, eine erleichternde Rückkehr in ihre Welt, sie ging mit halbgeschlossenen Augen hinter ihm her, nahm sofort die Haltung von jemand an, der nicht nur müde ist, sondern auch unverschämt zeigt, daß er es ist und weder zu überraschen noch zu beeindrucken ist, auch nicht in verwaschenen Hosen und staubigen Sandalen, von einer Hotelhalle, der ihre Kategorie de luxe aus allen Poren kommt, von den first class gedämpften Vorgängen und Stimmen bis zur kategorischen Abwesenheit jeder Aufdringlichkeit. Sie ließ sich die Badetasche von einem Boy abnehmen, warf sich in einen Sessel in der Halle und sah ihn herüberkommen von der Reception, er blickte sie zweifelnd an, sie nickte, sie hatte es befürchtet, es gab also nur noch ein Zimmer. Sie gähnte, starrte dann mißmutig auf das Formular, das ihr der Manager hinhielt, kritzelte eine unleserliche Unterschrift darauf, wirklich eine Zumutung, als ob das nicht Zeit bis morgen hätte. Im Zimmer oben warf sie sich sofort auf das Bett neben dem Fenster, denn wenn sie schon kein eigenes Zimmer bekam, dann müsse sie wenigstens neben dem Fenster schlafen können, um keine Zustände zu bekommen. Der Zimmerkellner trat ein, er schüttelte den Kopf, MUMM gab es nicht, POMMERY, KRUG, VEUVE CLIQUOT kannte er nicht, also MOËT CHANDON, aber DOM PÉRIGNON brut, bitte, da es ihn gab. Im Bad sah er ihr zu, als sie sich duschte, er trocknete sie ab und massierte sie wach, dann saß sie eingewickelt in das lange weiße Badetuch, am Tisch, als der Kellner wiederkam. Wie konnte er bloß wissen, daß sie heute Geburtstag hatte, ihren Paß hatte er natürlich gesehen, aber daß er daran gedacht hatte, come sono commossa, sono così tanto commossa. Die Gläser gaben keinen Ton. Sie trank zwei Gläser, er den Rest der Flasche, es war ja auch nicht sein Jahr, das in Maratea zu Ende ging. Sie lag immer wacher da, wie in einem Schlafwagen oder in einem Flugzeug mit fremden Menschen zusammengezwungen, sie setzte sich auf und horchte, er schlief entweder auch nicht oder er mußte einen unheimlich leisen Schlaf haben. Im Badezimmer legte sie die beiden dicken Badetücher in die Wanne und bettete sich hinein, sie rauchte und rauchte, und tief in der Nacht ging sie zurück ins Zimmer. Einen halben Meter stand ihr Bett von dem seinen entfernt, sie tauchte die Füße in den Abgrund zwischen den beiden Betten, zögerte, dann drängte sie sich vorsichtig an ihn und, während er sie im Schlaf an sich zog, sagte sie, nur ein wenig, du mußt mich nur ein wenig halten, bitte, ich kann sonst nicht einschlafen.

Die Sonne schien nicht, am Strand wehten die kleinen roten Flaggen, und sie berieten miteinander, was zu tun sei. Er beobachtete das Meer, sie eine Gruppe von Mailändern, die sich noch ins Wasser trauten. Er nahm seine Maske und die Flossen und erklärte ihr beim Zurückkommen, wie sie es anstellen müsse, hineinzukommen und wie sie zurückschwimmen solle. Vorn gingen die Wellen über den Felsen mit der weißlakkierten Eisenleiter, unter dieser Leiter zog es das Wasser mit unfaßlicher Kraft weg, und die Wellen vertosten an den Felsen daneben. Ein ganzes Zeichensystem hatte er mit ihr ausgemacht, und er erwartete sie am besten an der Leiter. Ein Zeichen hieß: abwarten, ein andres, etwas näher, ein andres: wieder weiter hinaus, und dann: schnell, jetzt, komm! und dann schwamm sie blindlings und mit ganzer Kraft auf die Leiter zu, wo er stand, und sie ihn nicht mehr sah in der Gischt, er fing sie ab oder sie zog sich leicht, ohne seine Hilfe, hinauf. Es ging meistens gut, einmal schluckte sie viel Wasser, hustete, spuckte und mußte sich hinlegen.

Weil er öfter und länger schwimmen ging als sie und sie dann warten mußte, fing sie an, gereizt zu werden und mit ihm zu reden in Gedanken, als kennte sie ihn seit Jahr und Tag. Sie würde ihn anfahren: ich habe mich entsetzlich aufgeregt, du verschwindest einfach, ich suche die ganze Gegend ab, schaue mir die Augen aus dem Kopf, ich denke, du bist ertrunken, das regt mich doch auf, es ist einfach rücksichtslos, verstehst du das denn nicht? Sie schaute aufs Meer hinaus und dann wieder auf die Uhr, und als er nach fünfzig Minuten noch nirgends auftauchte, überlegte sie, wie man das in einem Hotel machte, mit einem Ertrunkenen. Zuerst würde sie in die Direktion gehen und klarstellen, daß sie nicht seine Frau war, aber das errieten die sowieso immer sofort, und dann mußte man jemand anrufen, die FAO natürlich, Mr. Keen, denn sonst kannte sie niemand, der ihn kannte. Pronto, pronto, sicher eine sehr schlechte Verbindung, Maratea–Rom, Nadja's speaking, you remember, to make it short, I went with Mr. Frankel to Maratea, yes, no, pronto, can you hear me now, a very small place in Calabria, I said Calabria, es würde ganz einfach gehen, Mr. Keen sehr betroffen und plötzlich ein gentleman, der auch Stillschweigen darüber bewahren würde, mit wem Mr. Frankel nach

Kalabrien gefahren war, und sie würde nicht weinen, oh nein, sondern diese tranquillizer nehmen, die sie bei ihm gesehen hatte, eine dreifache Dosis, die sollten dann in Rom dafür sorgen, daß die Probleme gelöst wurden, denn für sie war das einfach zuviel, jede Summe würde sie zahlen, damit jemand sie mit einem Wagen direkt nach Rom brächte, bis vors Hotel, und dann hatte sie noch drei Tage bis zum IBM-Kongreß in Rotterdam, Zeit zum Verwinden, zum Lernen, zum Begraben und um im swimming-pool hin- und herzucrawlen, um wieder fit zu werden.

Sie warf ihm das Handtuch über die Schulter, rieb ihn ab und fing mit ihrer Predigt an, aber du bist ärger als ein Kind, du zitterst ja, du bist ja ganz durchgefroren, doch da kam eine riesige Woge an und sie brachte rasch das Messer, die Harpune und die Lampe, die er ihr zugeworfen hatte, auf den höherliegenden Felsen, ehe sie weiterschrie. Da sie ihre eigene Stimme nicht mehr hörte, bedeutete sie ihm, daß sie jetzt ins Wasser wolle, sie nahm seine Hand und klammerte sich fest daran, denn über die Leiter konnte sie nicht mehr hinein. Du mußt bis an den Rand vor, die Füße ganz vor, und sie krallte sich mit den Zehen an den glitschigen Felsen. Du gehst besser in die Knie und springst dann genau in die Welle hinein, dorthin, wo sie am höchsten ist. Jetzt. Sie sprang etwas zu spät und zwischen zwei Wellen. Sie schrie: wie war es denn? Nicht schlecht! Zu flach, mais c'était joli à voir, tu es... Was? Was? Tu es...
Sie sprang noch einige Male vor dem Mittagessen, wartete immer zu lange, sprang im falschen Moment, ihr Bauch tat ihr weh, dann der Kopf, doch, ich spür es doch, er hielt das für ausgeschlossen, hielt aber behutsam ihren Kopf in seinen Händen und tröstete sie, bis

sie merkte, daß sie Hunger hatte, sie vergaß ihren wehen Kopf, und sie liefen hinauf zur Kabine.

Die Nachmittagsstunden bis zum Abendessen im Zimmer, während sie lernte, waren schwierig und langweilig für ihn, er wäre so gern unter Wasser gegangen, aber nachmittags konnte nun wirklich niemand mehr hinein. Er erzählte ihr von einem Fisch, den er am Morgen gesehen hatte, das wundervollste Exemplar dieser Art, im vergangenen Jahr, in Sardinien, hatte er viel geschossen, aber selbst dort hatte er nie eine so herrliche Cernia gesehen. Wir haben einander beobachtet, aber ich konnte sie nicht überlisten, ich war immer in der schlechteren Position, man muß sie im Nacken treffen, es war sinnlos, einfach zu schießen und sie womöglich am Schwanz zu erwischen, das dürfe man überdies nicht tun, es sei unsportlich, er jedenfalls tat es nie. Sie sagte, ach, an sie denkst du immer, nein, das will ich nicht, ich will nicht, daß du sie umbringst. Aber er würde sie wieder suchen gehen am nächsten Tag, und er erzählte ihr, wie man diese und jene Fische angehen müsse und wo man sie fand. Delphine hatte sie auch schon gesehen und etwas gelesen darüber, wie intelligent die waren, und er hatte eine Frau gekannt, es war seine eigene, aber das sagte er nicht, der einmal ein Delphin nachgeschwommen war, nur begleitet hatte er sie oder verliebt war er in sie gewesen, und sie ist geschwommen, als wäre ein Hai hinter ihr her, am Ufer ist sie zusammengebrochen, sie geht nie mehr ins Meer und sie kann auch nicht mehr schwimmen seither. Oh, sagte sie, während sie sich langsam unter ihn schob und mit der Zunge seine Mundwinkel berührte, ja ljublju tebja, oh das ist eine komische – sie unterbrach sich – es ist eine traurige Geschichte. Ljublju tebja. Ein einziges Schiff oder gar eine Mine, nicht nur für getroffene Fische, auch für weit entfernte, ist furchtbar, fürchterlich sind diese Erschütterungen, Verstörungen, denn es dürfen auch die Fische heutzutage nicht mehr ruhig leben, und sie können nichts dafür. Kann ich denn etwas dafür? fragte sie, ich habe doch diese Furchtbarkeiten nicht erfunden, ich habe etwas anderes erfunden, was? das habe ich erfunden, ja, das hast du erfunden, und sie kämpfte erbittert und wild für ihre Erfindung und sprachlos der einzigen Sprache entgegen, auf diese eine zu, die ausdrücklich und genau war.

Er hatte nicht den Wunsch, nach Wien zurückzukehren, es war zuviel abgebrochen, und was sollte er, mit seinem Beruf, dort auch tun. Nostalgie? Nein, etwas anderes, manchmal eine grundlose Traurigkeit. Ferien machte er sonst nur im Winter, weil er mit den Kindern am liebsten Ski fahren ging, seine Frau schickte sie ihm dann für einen Monat, diesmal waren nur zwei Wochen daraus geworden, in Cortina, früher waren sie immer nach St. Christoph gegangen, die Ferien gehörten den Kindern, die schon zu merken anfingen, daß etwas nicht stimme, eines Tages wird man mit ihnen reden müssen, denn lange wird es nicht mehr zu verbergen sein. Stell dir vor, sagte sie, einmal hat mich jemand rundheraus gefragt, warum ich keine Kinder habe und was denn der Grund sei, wie kommt dir das vor? so was fragt man doch einfach nicht. Er antwortete nicht, er nahm nur ihre Hand. Sie dachte, nichts sei einfacher, als mit jemand aus demselben Land beisammen zu sein, jeder wußte, was er sagen durfte und was nicht und wie er es sagen mußte, es war ein geheimer Pakt da, und was hatte sie sich alles anhören müssen von anderen, man konnte doch nicht immerzu erklären, hier ist die Grenze für mich, bis hierher und nicht weiter. Nun war sie noch einmal hell empört über Jean Pierre, der alles verkehrt gefunden hatte, was sie auch tat und dachte, der sie einfach, ohne je auf sie einzugehen, in ein ihr fremdes Leben hineinzwingen wollte, in eine ganz kleine Wohnung, mit ganz kleinen vielen Kindern, und dort hätte er sie am liebsten tagsüber in einer kleinen Küche gesehen oder nachts in einem allerdings sehr großen Bett, in dem sie etwas Winziges war, un tout petit chat, un petit poulet, une petite femmelle, aber damals hatte sie sich noch zur Wehr gesetzt, geschluchzt, geweint, Teller auf den Boden geworfen, sie war mit Fäusten auf ihn losgegangen, und er hatte gelacht, sich ruhig angesehen, was sie aufführte, bis sie ganz außer sich geriet, oder er hatte sie einfach geschlagen, nie im Zorn, sondern weil er es für das Natürlichste hielt, sie hie und da zu schlagen, pour te calmer un peu, bis sie sich wieder an ihn hängte und blieb.

Mr. Frankel fragte, glaubst du, daß die Menschen einmal eine einzige Sprache haben werden? Wie kommst du nur darauf, was für eine Idee! sie zog die Riemen ihrer Sandalen, die sie ständig verlor, wieder an den Fersen hoch. Soviel war ja im Verschwinden, aber da bleiben noch deine vierzig Sprachen in Indien und vierzig allein in dem kleinen Gabun und die Sprachen müssen also in die Hunderte oder Tausende gehen, jemand wird das schon zusammengezählt haben, ihr zählt doch alles zusammen, sagte sie boshaft, nein, im Ernst, sie könne es sich nicht vorstellen, wußte aber keinen Grund dafür anzugeben, er hingegen konnte es sich durchaus vorstellen, und sie entdeckte, daß er ein heilloser Romantiker war, und das gefiel ihr nun wieder besser als ihr erster Eindruck von ihm, daß er ein praktischer und erfolgreicher Mann sein müsse. Für mich wäre es eine große Erleichterung, wenn die Sprachen verschwänden, sagte sie, nur würde ich dann zu nichts mehr taugen. Ein Romantiker, oh was für ein Kind, und wenn es auch nur Food and Agriculture betraf, Hubschrauber, die angeschafft werden mußten zur Heuschreckenbekämpfung, oder Fischereiboote aus Island für Ceylon, und während er sich bückte, um ihr endlich den Riemen enger zu machen, fragte sie, aber bitte, wie sagst du dann: Würstel mit Kren. Oder: Sie gschlenkertes Krokodil? Gibst du es auf, t'arrendi? Er nickte und sah belustigt zu ihr auf, denn er hatte den Kren und das Krokodil vergessen. Und er dachte schon wieder an die Cernia, für die er, nun auf deutsch, keinen Namen wußte.

Die FAO war keine neue Gründung, sondern ging auf einen viel älteren Gedanken zurück als die UNO, etwas der Art hatte sich ein Bursche im Westen Amerikas ausgedacht, einer, der David Lubin hieß und also aus Osteuropa kam, woher sie beide, wenn sie nachforschten, auch ungefähr herkamen. Auf einem Pferd war er über sein neues Land geritten und hatte entdeckt, daß ein paar Meilen weiter die Leute nichts mehr von den Erfahrungen der anderen wußten bei der Kultivierung des Bodens, überall hatten sie einen andren Aberglauben und ein anderes Wissen, das Korn, die Melonen oder das Vieh betreffend, und so fing dieser Lubin an, diese verschiedenen Wissen zu sammeln, damit man es einmal austauschen könne auf der ganzen Welt, und weil niemand ihn damals verstand, war er bis zum König von Italien gereist mit dieser Idee, so märchenhaft fingen eben manchmal Dinge an, und deswegen saß er heute im ehemaligen Afrika-Ministerium von Rom, und jetzt zum Beispiel waren diese Mexikaner da mit ihrem Weizen, der eben besser war als jeder andere, aber sie hörte nicht mehr zu, sondern rief, was für eine schöne Geschichte! Und er sagte streng, aber das ist doch keine Geschichte, was ich dir da erzähle, das ist wahr. Nun eben, sagte sie, denn immer wenn jemand auf die Welt kommt und etwas Abenteuerliches denkt und anfängt mit etwas Neuem, dann kommt ihr daher und verwaltet es zu Tod, o verzeih, versteh mich recht, aber ich kann doch nicht anders denken, wenn ich mir das ganze Kauderwelsch anhöre zwischen Paris und Genf und Rom, wenn man es eben so mithörte wie sie und mithalf, daß die einander immer mehr mißverstanden und in die Enge trieben, ihr Männer seid eine gottverdammte Bande, immer müßt ihr etwas Gewöhnliches draus machen, und dieser Bursche, wie sagst du, hat er geheißen, dieser David gefällt mir eben, und die anderen gefallen mir nicht. Der wird auch wirklich noch auf einem Pferd herumgaloppiert sein und nicht wie ihr, die VIP, in einer Reitbahn, mit Reitstunden, damit ihr in Form bleibt, nein, der nicht, ich bin sicher, ihr seid heute eine für immer verdammte Bande.

Er lachte auf und ging darüber hinweg, er dachte, daß sie zu recht hatte, um so rasch recht haben zu dürfen, aber er fand sie nur schön, sogar wirklich schön, wenn sie sich ereiferte, viel schöner als damals im Hilton, mit den falschen Wimpern, einer dekorativen Stola und einer leicht abgewinkelten Hand für Handküsse, denn im Eifer wurden ihre Augen gefährlich, feucht und noch größer, und sie lebte vielleicht nur, wenn sie zu weit ging, sich heraustraute und über ihre Grenze ging. Wenn wir zurückkommen, dann zeige ich dir, was ich dort mache, in diesem Büro, denn ich verwalte nicht nur etwas zu Tode, ich trage auch nicht den ganzen Tag Akten herum, die werden in eigenen Aufzügen gefahren, weil sie viel zu schwer wären für mich, auch für einen Mister Universum oder den Atlas in Person. Sie fragte mißtrauisch, für welchen Atlas? und er war so erheitert, daß er Wein nachbestellte. Auf den Atlas, der das Ganze tragen sollte! Ci sono cascata, vero? sie schob ihr Glas weg, ich mag nicht mehr, ich weiß auch nicht, warum wir von diesem Zeug reden müssen, ich möchte nicht, was sonst jeden Tag ist, vor dem Einschlafen lese ich meistens noch einen Kriminalroman, aber nur, damit es ganz unwirklich wird, was schon irreal tagsüber für mich ist, jede Konferenz kommt mir wie die direkte Fortsetzung einer endlosen indagine, wie sagt man bloß? vor, immer wird die Ursache für etwas weit Zurückliegendes gesucht, für etwas Furchtbares, und man findet sich nicht durch, weil der Weg dorthin zufällig von vielen zertrampelt worden ist, weil andere die Spuren absichtlich verwischt haben, weil jeder eine Halbwahrheit darüber aussagt, um sich abzusichern, und so sucht und sucht man sich durch die Unstimmigkeiten, die Uneinigkeiten hindurch, und man findet nichts, man müßte schon eine Erleuchtung haben, um zu begreifen, was wirklich vorliegt und was man deswegen wirklich tun sollte, ganz plötzlich.

Ja, sagte er zerstreut, eine Erleuchtung. Nimmst du Obst? Es gefiel ihm an ihr auch, wie sie reagierte, Wünsche äußerte, etwas ablehnte oder annahm, wie anmaßend, bescheiden, ausfallend oder einfach sie war, immer wechselnd, eine Person, mit der man überall hingehen konnte, die in einem kleinen Café so tat, als hätte sie ihr Leben lang nur schlechten Kaffee getrunken und hungrig an einem vertrockneten Sandwich gekaut, und in einem Hotel wie diesem ließ sie den Kellner erkennen, daß mit ihr nicht zu spaßen war, an der Bar wirkte sie wie eine dieser Frauen, die prinzipiell nichts taten, denen man es nie recht machen konnte, die sich mit Grazie langweilen oder amüsieren, die irritierende Launen haben, durch eine fehlende Zitronenschale, durch zuviel oder zu wenig Eis oder wegen eines nicht richtig gemixten Daiquiris nervös wurden. Einer der Gründe für den dumpfen Widerwillen gegen seine Frau in Wien war doch, daß sie ungeschickt, mit zu großen Handtaschen, durch die Straßen ging, gebückt, anstatt den Kopf zurückzuwerfen, daß ein Pelzmantel eine Verschwendung war, weil sie ihn mit einer Dulderinnenmiene trug, und daß sie nie, wie Nadja, mißbilligend um sich blickte, mit einer Zigarette in der Hand, und das hieß, wo bitte, wo ist denn der Aschenbecher, und um Himmels willen keinen VAT, ich habe gesagt DIMPLE, und wenn das nicht sofort verstanden wurde, zog ein Erstaunen über ihr Gesicht, als hinge von DIMPLE oder nicht DIMPLE der Ausgang sehr ungewöhnlicher Dinge ab. Auf der Fahrt hatte sie ihn geradezu schikaniert, nach hundert Kilometern ließ sie sich aus dem Auto schleppen zu MOTTA oder PAVESI, als hätte sie und nicht er durch den Wochenendverkehr im August fahren müssen, und nur sie hatte natürlich kalte Füße, aber es fiel ihr nicht ein, zurückzugreifen nach dem Plaid, sie sagte nur matt, wenn du mir bitte, please, grazie caro, Gott, bin ich erfroren, und jetzt, als die Sonne endlich herauskam, während er müßig über Erleuchtung nachdachte, legte sie ihren Kopf auf seine Füße, denn seine Füße waren einfach für ihren Kopf da, damit sie bequemer liegen konnte, er beugte sich über sie, ihre Gesichter standen verzerrt übereinander, mit einander erschreckenden Zügen, aber er sagte, was sie hören wollte, und er mußte sie küssen, weil sie geküßt werden wollte, sie wand sich und lachte, aber es sieht uns doch niemand, weil sie ihn unsicher aufschauen sah, sie biß ihn ausgelassen in die Füße und die Beine, und damit sie aufhörte, fesselte er ihr die Hände und drückte sie auf den Boden, bis sie sich nicht mehr rühren konnte. Belva, bestiolina, sind das die richtigen Worte für dich? fragte er, und ja, sagte sie glücklich, ja, und, well, that is a mild way to put it.

Das Dorf hatten sie noch immer nicht gesehen, und an dem letzten Abend sagte er, er wolle doch wissen, wie dieses Maratea aussah, denn dieses Hotel konnte nicht viel mit einem Ort in Kalabrien zu tun haben, und sie sprang sofort erfreut auf und machte sich fertig, d'accord, denn er hatte ihr doch versprochen, einmal mit ihr spazierenzugehen, nicht einen Schritt waren sie gegangen bisher, tu m'as promis une promenade, klagte sie, ich will meine Promenade, und sie fuhren rasch weg mit dem Wagen, denn die Sonne war zwar wieder durch die Wolken gekommen, aber schon im Untergehen, und diese Sonne, die über dem Meeresspiegel anfing, ihre späten und tiefen Farben zu zeigen, bedeutete ihnen auch, daß sie erst strahlend wiederkommen werde, wenn er und sie nicht mehr da waren. Von oben müsse man den ganzen Golf sehen können, wir haben doch noch gar nichts gesehen, tu te rends compte? Sie wollte nicht den Golf sehen, sondern ein paar Schritte laufen, ma promenade, habe ich gesagt, und als sie höher hinaufkamen und die Kurven dichter aufeinanderfolgten, sagte sie, aber wo ist denn das Dorf, ich habe gedacht hinter dem Hügel, doch nicht da oben, wo fährst du denn hin, aber doch bitte nicht da hinauf auf den Felsen. Sie verstummte und stemmte sich mit den Füßen ab, hörte ihn erzählen von den Sarazenen, der günstigen Verteidigungsposition, noch mehr von den Sarazenen, schau doch, schau! Sie schwieg, blinzelte, der Himmel rötete sich, sie kamen den Wolken näher, wurden hinaufgekurvt in die Wolken, sie sah das erste

Geländer, dann streifte ein zweites Geländer über ihre Augen, sie kaute an einer Bitte, wieder ein Geländer. Er hätte das nie hier vermutet, eine so herrliche Straße, nun kam eine Brücke nach der anderen, immer höher zielend, freischwebend, und sie blickte in ihren Schoß, auf die Zigarettenschachtel und das Feuerzeug. Die Lähmung fing in den Händen an, sie konnte sich keine Zigarette mehr anzünden und ihn auch nicht darum bitten, weil sie ihm ausgeliefert war, sie atmete kaum mehr, und etwas fing an, in ihr auszubleiben, es konnte der Anfang der Sprachlosigkeit sein, oder es fing an, etwas einzutreten, eine tödliche Krankheit. Dann stand das Auto vor einem blau-weißen Straßenschild P, als wäre es das erste, aber auch das letzte Auto, das hier, auf einem trostlosen Steinfeld anhielt. C'est fou, c'est complètement fou. Sie stieg aus, wußte nicht, wohin schauen, zog sich seinen Pullover über, so kalt war es, sie verkroch sich in der Wolle, sie kamen an leeren, armseligen Häusern vorbei und an einem Kloster, vor dem ein Priester und drei alte Frauen standen, alle in Schwarz, die höflich grüßten. Sie grüßte nicht zurück.
S menja étogo dovol'no. Er führte sie auf einen steinigen mit kargen Grasbüscheln bewachsenen Weg, der aufwärts und nach vorn führte, zur Spitze des Felsens, dem Abgrund entgegen. Sie rutschte in ihren Sandalen und versuchte, Schritt zu halten, sie sah auf und da sah sie es, es war eine riesige, riesenhafte Figur aus Stein, in einem langen Steingewand, mit ausgebreiteten Armen, auf deren Rücken sie zugingen. Sie brachte den Mund nicht auf, sie sah diese ungeheuerliche Figur wieder, die sie im Hotel auf einer Ansichtskarte gesehen hatte, den Christus von Maratea, aber jetzt gegen den Himmel gestellt, und sie blieb stehen. Sie schüttelte den Kopf, dann schüttelte sie seinen Arm ab, und

das sollte bedeuten, geh du weiter. Sie hörte ihn etwas sagen, sie stand mit gesenktem Kopf da und ging dann rückwärts, sie rutschte wieder und setzte sich auf einen Steinblock am Wegrand, und das hieß, ich gehe keinen Schritt mehr. Er hatte noch immer nicht begriffen, sie saß da und riß Blätter von einer Staude ab, menthe, menta, mentuccia, und sie brachte es fertig, mit ihrer stillsten festen Stimme zu sagen: geh du weiter, ich kann nicht. Mareada. Schwindlig. Sie zeigte auf ihren Kopf, und dann roch sie an dem zerriebenen Blatt, als hätte sie ein Mittel, eine Droge gefunden. Aide-moi, aide-moi, ou je meurs ou je me jette en bas. Je meurs, je n'en peux plus. Als er sich entfernt hatte, fühlte sie, seitlich im Rücken, immer noch diese wahnsinnige Gestalt, die irgend jemand auf die Spitze des Felsens getan hatte, diese Wahnsinnigen, daß man das zuließ, daß man es zuließ, und in einem armseligen Dorf, das in jedem Moment ins Meer stürzen konnte, wenn man auch nur fest auftrat oder eine Bewegung zuviel machte, und deswegen bewegte sie sich nicht, damit dieser Felsen nicht hinunterstürzte mit ihnen beiden und mit der äußersten Armut dieses Dorfes und den Nachfahren der Sarazenen und allen beladenen Geschichten aus allen mühseligen Zeiten. Wenn ich mich nicht rühre, dann werden wir nicht stürzen. Sie wollte weinen, und sie konnte nicht weinen, seit wann kann ich denn nicht mehr weinen, seit wann denn schon nicht mehr, man kann doch nicht über dem Herumziehen in allen Sprachen und Gegenden das Weinen verlernt haben, und da mir kein Weinen zu Hilfe kommt, muß ich noch einmal aufstehen, noch einmal diesen Weg gehen und hinunter zum Wagen und einsteigen und mitfahren, was dann wird, weiß ich nicht, es ist meine Vernichtung.

Sie ließ sich von dem Stein heruntergleiten und legte sich auf die Erde, mit den Armen ausgestreckt, gekreuzigt auf diesen bedrohlichen Felsen, und bekam es nicht aus dem Kopf, diese groteske Anmaßung, eine Auftragsarbeit, ein Gemeindebeschluß, der einmal gefaßt worden war, und das also ist meine Vernichtung. Sie hörte ihn zurückkommen, es war beinahe dunkel geworden, sie stand auf, hielt sich sehr gerade und ging, ohne zurückzuschauen, an seiner Seite den Weg zurück, an dem Kloster vorbei, wo die schwarzen Figuren im Schwarz aufgegangen waren, zu dem Parkplatz. Einzigartig sei es gewesen, er war so befriedigt, den ganzen Golf habe er gesehen, in dem Augenblick, in dem die Sonne violett geworden und zerflossen und dann vom Meer aufgesogen worden war. Als er anfuhr und wendete, fiel ihm etwas ein, er sagte beiläufig, was für eine Idee übrigens, eine so abscheuliche Skulptur hier aufzustellen, hast du sie gesehen? Im Fahren schloß sie sofort die Augen und stemmte sich wieder ab, trotzdem fühlte sie die Brücken, die Abgründe, die Kurven, eine Bodenlosigkeit, gegen die sie nicht ankam. Tiefer unten fing sie an, wieder gleichmäßig zu atmen. Es ist mir höher vorgekommen als in den Bergen, es ist höher hier und schrecklich. Aber meine kleine Närrin, es sind doch 600, maximal 700 Meter, und sie erwiderte nein, nein, es sei sogar jetzt noch ärger, als in einer Boeing zur Landung herunterzumüssen. Landen wir bald?

In der Bar verlangte sie, wie ein Kranker, der sofort eine Injektion braucht, etwas, sie überlegte nicht wie sonst, bloß irgend etwas, das rasch wirken sollte, und sie bekam ein Glas, trank es in einem Zug, schmeckte nichts, ihr wurde heiß von dem Alkohol, und die Verstörung löste sich, die Blockade zwischen ihr und ihm und der Welt. Sie zündete sich zitternd die erste Abendzigarette an. Im Zimmer, als er sie umarmte, begann sie wieder zu zittern, wollte nicht, konnte nicht, sie fürchtete zu ersticken oder ihm unter den Händen wegzusterben, aber dann wollte sie es doch, es war besser, von ihm erstickt und vernichtet zu werden und damit alles zu vernichten, was in ihr unheilbar geworden war, sie kämpfte nicht mehr, ließ es mit sich geschehen, sie blieb fühllos liegen, drehte sich ohne ein Wort von ihm weg und schlief sofort ein.

Am Morgen, als sie aufwachte, hatte er schon gepackt, und während sie aus dem Bad den Rasierapparat hörte, fing sie langsam an, auch ihre Sachen zusammenzusuchen. Sie sahen einander nicht an, und sie lief erst nach ihm den Pfad zum Meer hinunter, fand ihn nicht, dann tauchte er vor der Leiter auf und hielt ihr einen großen Seestern entgegen. Sie hatte noch nie einen lebendigen Seestern gesehen oder gar bekommen, sie lächelte erfreut und traurig, sie bestaunte den Stern, den wollte sie mitnehmen als Souvenir, aber dann warf sie ihn plötzlich ins Wasser zurück, damit er weiterleben konnte. Das Meer war wilder als an allen Tagen zuvor, aber es brauchte sie ja niemand und es ängstigte sie auch nicht mehr, ihn unter Wasser zu wissen. Sie deutete auf die Felsen hinüber, gestikulierte, und dann ging sie über die schwarzen, grünen und hellmarmorierten Blöcke, zwischen denen das Wasser wütend brüllte, und sie kletterte, furchtvoll und vor Schwäche nahe am Weinen, die rissigen und steilen Brocken hinauf und hinunter, inmitten des Gebrülls.

Sie sahen beide gleichzeitig auf die Uhr. Sie hatten noch zwei Stunden und lagen, müde vom Essen und schweigsam, nebeneinander in den Liegestühlen auf der untersten Terrasse. Erst hatten sie gedacht, daß sie im Lauf der Tage einander viel erzählen und mitteilen würden, daraus war nichts geworden, und sie überlegte, ob er auch an jemand anderen dachte und im Schlepp seiner Gedanken viele Gesichter, Körper, Zerschundenes, Zerschlagenes, Ermordetes, Gesagtes und Ungesagtes hatte, und ganz plötzlich sah sie ihn an, mit einer ernsten Begier, genau in dem Moment, als sie an Paris dachte und sich vorstellte, nicht er, sondern der andre müsse sie so sehen, und nun sah Mr. Frankel sie an und sie ihn mit dieser Eindringlichkeit. Bitte, was denkst du jetzt, woran denkst du eben jetzt, sag es, sag es mir unbedingt! O nichts Besonderes, er zögerte, an die Cernia habe er gedacht, die er nicht wiedergesehen habe, er müsse noch immer an sie denken. Daran dachte er also, er log nicht, es war wahr, sie allein beschäftigte ihn noch immer, und im Nacken hatte er sie treffen wollen. Sie griff sich, während ihr Kopfschmerz jäh einsetzte, an ihren Nacken und sagte: hier, ich spüre es hier.

In der letzten Stunde stand sie dreimal auf, ging einmal zum Bademeister, dann zur Toilette, dann in die Kabine, wo sie sich hinsetzte und vor sich hinstarrte, und nun mußte es ihm langsam auffallen, darum ging sie zurück, kniete vor ihm nieder und legte den Kopf an seine Knie. Würde es dir etwas ausmachen, mich bis zur Abfahrt allein zu lassen? Es ist nichts, sagte sie, es ist nur etwas schwierig, verzeih mir. Trägst du unsere Sachen hinauf? Ja?

Sie ging noch einmal zu den Felsen und sie kletterte nicht mehr vorsichtig, sondern sprang, wo sie konnte, von einem zum andern, sie war wieder nahe am Weinen, das nie kommen würde, und sie wurde immer waghalsiger, kühner, und ja, jetzt, sie setzte hinüber zu dem weitgelegenen schwarzen Felsen, sie riskierte es eben, abzustürzen, sie fing sich benommen, sie sagte sich, es ist eine Pflicht, ich muß, ich muß leben, und nach einem zwanghaften Blick auf die Uhr kehrte sie um, um sich nicht zu verspäten, und sie verbesserte sich, aber was sage ich mir da, was heißt das denn, es ist keine Pflicht, ich muß nicht, muß überhaupt nicht, ich darf. Ich darf ja und ich muß es endlich begreifen, in jedem Augenblick und eben hier, und sie sprang, flog, rannte weiter mit dem, was sie wußte, ich darf, mit einer nie gekannten Sicherheit in ihrem Körper bei jedem Sprung. Ich darf, das ist es, ich darf ja leben. In der Kabine waren nur noch ihre Jeans und die Bluse, sie zog sich rasch um und hüpfte den Weg zum Hotel hinauf, kein Atem ging ihr aus, und sie hatte fast kein Gewicht. Jetzt seh ich mich um, es ist das Meer, zwar nicht das ganze Meer, nicht die ganze Küste, nicht der ganze Golf – sie blieb stehen und bückte sich, denn auf dem Weg lag etwas, es war sein Pullover, den er verloren haben mußte. Sie hob den Pullover auf, preßte ihr Gesicht mit einem maßlosen Entzücken gegen den Pullover und küßte ihn, mit einem heißen Gesicht sah sie wieder hinaus, es ist das Meer, es ist wunderbar, und jetzt trau ich mich auch, hinter mich und hinaufzusehen zu den hohen phantastischen Hügeln, auch zu dem Felsen von Maratea, dem überhängenden, steilsten, und dort oben sah sie etwas wieder, eine kleine, kaum sichtbare Figur, mit ausgebreiteten Armen, nicht ans Kreuz geschlagen, sondern zu einem grandiosen Flug ansetzend, zum Auffliegen oder zum Abstürzen bestimmt.

In der Hotelhalle blieb sie atemlos stehen, sie wollte noch immer nicht zu ihm gehen und lief rasch in das

Zimmer hinauf. Die Koffer waren weg, die Betten noch nicht für neue Gäste gerichtet, sie stellte sich vor den Spiegel und versuchte, ihre verwilderten langen Haare zu kämmen, in das spröde salzige Haar einen Schwung hineinzubringen. Sie riß alle Schränke und Schubladen auf, warf leere Zigarettenschachteln, Papierfetzen und Kleenex in den Papierkorb, sah unter die Betten, und eh sie gehen wollte, entdeckte sie neben seinem Bett, in dem Fach unter der Lampe, ein Buch. Wie gut, daß sie noch einmal heraufgegangen war. Sie steckte es in ihre Tasche und zog es sofort wieder heraus, denn dieses Buch konnte nicht ihm gehören. Il Vangelo. Es war bloß die Bibel, die in solchen Hotels zur Einrichtung gehörte. Sie setzte sich auf das ungemachte Bett, und wie sie ihre Wörterbücher aufschlug, um oft abergläubisch ein Wort zu suchen, als Halt für den Tag, diese Bücher wie Orakel befragte, so schlug sie auch dieses Buch auf, es war nur ein Wörterbuch für sie, sie schloß die Augen, tippte mit dem Finger nach links oben und öffnete die Augen, da stand ein einzelner Satz, der ging: Il miracolo, come sempre, è il risultato della fede e d'una fede audace. Sie legte das Buch zurück und probierte, den Satz in den Mund zu nehmen und ihn zu verändern.

Das Wunder

Das Wunder ist wie immer

Nein, das Wunder ist das Ergebnis des Glaubens und

Nein, des Glaubens und eines kühnen, nein, mehr als kühnen, mehr als das –

Sie fing zu weinen an.

Ich bin nicht so gut, ich kann nicht alles, ich kann noch immer nicht alles. Sie hätten den Satz in keine andere Sprache übersetzen können, obwohl sie zu wissen meinte, was jedes dieser Worte bedeutete und wie es zu wenden war, aber sie wußte nicht, woraus dieser Satz wirklich gemacht war. Sie konnte eben nicht alles.

Vor der Bar blieb sie stehen, er wartete auf sie, sah sie aber nicht kommen und bemerkte ihre Anwesenheit nicht, denn er schaute mit anderen Gästen und dem Jungen von der Bar zum Fernsehapparat in der Ecke. Fahrräder, erst einige, fuhren über den Schirm, dann nur noch eines, ein über die Lenkstange gekrümmter Radler war zu sehen, dann ein Straßenrand mit einer Menschenmenge. Der Sprecher redete in höchster Erregung, er versprach sich, korrigierte sich, stolperte wieder über ein Wort, es galt noch drei Kilometer, er redete immer schneller, als hätte er die Pedale zu treten, als wäre er nicht mehr imstande, durchzuhalten, als wäre es sein Herz, das aussetzen konnte, jetzt schweißte seine Zunge, sie fragte sich, wie lang kann das wohl dauern, zwei Kilometer, und den Jungen von der Bar, der in Trance auf den Apparat starrte, fragte sie freundlich: chi vince? der Junge gab keine Antwort, noch ein Kilometer also, der Sprecher keuchte, röchelte, er konnte unmöglich diesen letzten Satz zu Ende bringen und kam mit einem unartikulierten Schrei durch das Zielband. In eben dem Augenblick dröhnte der Apparat, es waren die vielen am Straßenrand, die zu schreien anfingen, bis dieses chaotische Geschrei überging in ganz deutliche Stakkatorufe:

A
    dor
        ni
A
    dor
        ni

Sie hörte es mit Entsetzen und mit Erleichterung, und durch diese Rufe im Stakkato hörte sie die Stakkatorufe aus allen Städten und allen Ländern, durch die sie gekommen war. Den Haß im Stakkato, den Jubel im Stakkato.

A
    dor
        ni
A
    dor
        ni

Er wandte sich um und sah sie verlegen an, weil sie schon eine Weile in diesem Raum sein mußte. Sie deutete lächelnd auf den Pullover, den sie über dem Arm hängen hatte. Der Junge von der Bar erwachte, sah sie blöde an und stotterte, commandi, Signora, cosa desidera?

Niente. Grazie. Niente.

Aber im Gehen, als sie schon seine Hand genommen hatte, drehte sie sich um, weil ihr das Wichtigste in den Sinn kam, und sie rief es dem Jungen zu, der Adorni siegen gesehen hatte.

Auguri!

Aus:
Das dreißigste Jahr

August! Da waren sie, die Tage aus Eisen, die in der Schmiede zum Glühen gebracht wurden. Die Zeit dröhnte.
Die Strände waren belagert, und das Meer wälzte nicht mehr seine Wellenheere heran, sondern täuschte Erschöpfung vor, die tiefe, blaue.
Am Rost, im Sand, gebraten, geflammt: das leicht verderbliche Fleisch des Menschen. Vor dem Meer, auf den Dünen: das Fleisch.
Ihm war angst, weil der Sommer sich so verausgabte. Weil das bedeutete, daß bald der Herbst kam. Der August war voll Panik, voll Zwang, zuzugreifen und schnell zu leben.
In den Dünen ließen sich alle Frauen umarmen, hinter den Felsen, in den Kabinen, in den Autos, die unter den Pinienschatten standen; selbst in der Stadt, hinter den herabgelassenen Persianen am Nachmittag, boten sie sich im Halbschlaf an oder sie blieben, eine Stunde später, auf dem Corso mit ihren hohen Absätzen hängen im aufgeweichten Asphalt der flautenstillen Straßen und griffen, Halt suchend, nach einem Arm, der vorüberstreifte.
Kein Wort wurde in diesem Sommer gesprochen. Kein Name genannt.
Er pendelte zwischen dem Meer und der Stadt hin und her, zwischen hellen und dunklen Körpern, von einer Augenblicksgier zur andern, zwischen Sonnengischt und Nachtstrand, mit Haut und Haar gepackt vom Sommer. Und die Sonne rollte jeden Morgen schneller herauf und stürzte immer früher hinunter vor den unersättlichen Augen, ins Meer.

Er betete die Erde und das Meer und die Sonne an, die ihn so fürchterlich gegenwärtig bedrängten. Die Melonen reiften; er zerfleischte sie. Er kam vor Durst um.
Er liebte eine Milliarde Frauen, alle gleichzeitig und ohne Unterschied.

Römisches Nachtbild

Wenn das Schaukelbrett die sieben Hügel
nach oben entführt, gleitet es auch,
von uns beschwert und umschlungen,
ins finstere Wasser,

taucht in den Flußschlamm, bis in unsrem Schoß
die Fische sich sammeln.
Ist die Reihe an uns,
stoßen wir ab.

Es sinken die Hügel,
wir steigen und teilen
jeden Fisch mit der Nacht.

Keiner springt ab.
So gewiß ist's, daß nur die Liebe
und einer den andern erhöht.

Hommage à Maria Callas
Entwurf

Ich habe mich immer gewundert, daß diejenigen, die Maria Callas gehört haben, nicht darüber hinausgekommen sind, in ihr eine außerordentliche, allen Fährnissen unterworfene Stimme zu hören. Es hat sich wohl nicht nur um eine Stimme gehandelt, oh keineswegs, in einer Zeit, in der so viele ausgezeichnete Stimmen zu hören waren. Maria Callas ist kein »Stimmwunder«, sie ist weit davon entfernt, oder sehr nah davon, denn sie ist die einzige Kreatur, die je eine Opernbühne betreten hat. Ein Geschöpf, über das die Boulevardpresse zu schweigen hat, weil jedes seiner Sätze, sein Atemholen, sein Weinen, seine Freude, seine Präzision, seine Lust daran, Kunst zu machen, eine Tragödie, die zu kennen im üblichen Sinn nicht nötig ist, evident sind. Nicht ihre Koloraturen, und sie sind überwältigend, nicht ihre Arien, nicht ihre Partnerschaft allein ist außerordentlich, sondern allein ihr Atemholen, ihr Aussprechen. M[aria] C[allas] hat eine Art, ein Wort auszusprechen, so, daß jedem, der nicht jedes Gehör verloren hat, aus Abgestumpftheit oder Snobismus, immer auf der Jagd nach frischen Sensationen des lyrischen Theaters [– – –] sie wird nie vergessen machen, daß es Ich und Du gibt, daß es Schmerz gibt, Freude, sie [ist] groß im Haß, in der Liebe, in der Zartheit, in der Brutalität, sie ist groß in jedem Ausdruck, und wenn sie ihn verfehlt, was zweifellos nachprüfbar ist in manchen Fällen, ist sie noch immer gescheitert, aber nie klein gewesen. Sie kann einen Ausdruck verfehlen, weil [sie] weiß, was Ausdruck überhaupt ist.
Sie war zehn oder mehr Male groß, in jeder Geste, in jedem Schrei, in jeder Bewegung, sie war, was ‹…› an

die Duse denken läßt: ecco un artista. Sie hat nicht Rollen gesungen, niemals, sondern auf der Rasierklinge gelebt, sie hat ein Rezitativ, das altbacken schien, neu gemacht, ach nicht neu, sie war so gegenwärtig, daß alle, die ihr die Rollen geschrieben haben, von Verdi bis Bellini, von Rossini bis Cherubini, in ihr nicht nur die Erfüllung gesehen hätten, sondern weitaus mehr.
Ecco un artista, sie ist die einzige Person, die rechtmäßig die Bühne in diesen Jahrzehnten betreten hat, um den [Zuhörer] unten erfrieren, leiden, zittern zu machen, sie war immer die Kunst, ach die Kunst, und sie war immer ein Mensch, immer die Ärmste, die Heimgesuchteste, die Traviata.
Sie war, wenn ich an das Märchen erinnern [darf], die natürliche Nachtigall dieser Jahre, dieses Jahrhunderts, und die Tränen, die ich geweint habe – ich brauche mich ihrer nicht zu schämen. Es werden soviel unsinnige geweint, aber die Tränen, die der Callas gegolten – sie waren so sinnlos nicht. Sie war das letzte Märchen, die letzte Wirklichkeit, deren ein Zuhörer hofft, teilhaftig zu werden.
Sie hat immer direkt getroffen, auf den Umwegen über Libretti, über Figuren, zu denen man Liebe haben muß, um sie akzeptieren zu können. Sie war der Hebel, der eine Welt umgedreht hat, zu dem Hörenden, man konnte plötzlich durchhören, durch Jahrhunderte, sie war das letzte Märchen.
Es ist sehr schwer oder sehr leicht, Größe anzuerkennen. Die Callas – ja, wann hat sie gelebt, wann wird sie sterben? – ist groß, ist ein Mensch, ist unvertraut in einer Welt der Mediokrität und der Perfektion.

Herbstmanöver

Ich sage nicht: das war gestern. Mit wertlosem
Sommergeld in den Taschen liegen wir wieder
auf der Spreu des Hohns, im Herbstmanöver der
Zeit.
Und der Fluchtweg nach Süden kommt uns nicht,
wie den Vögeln, zustatten. Vorüber, am Abend,
ziehen Fischkutter und Gondeln, und manchmal
trifft mich ein Splitter traumsatten Marmors,
wo ich verwundbar bin, durch Schönheit, im Aug.

In den Zeitungen lese ich viel von der Kälte
und ihren Folgen, von Törichten und Toten,
von Vertriebenen, Mördern und Myriaden
von Eisschollen, aber wenig, was mir behagt.
Warum auch? Vor dem Bettler, der mittags kommt,
schlag ich die Tür zu, denn es ist Frieden
und man kann sich den Anblick ersparen, aber nicht
im Regen das freudlose Sterben der Blätter.

Laßt uns eine Reise tun! Laßt uns unter Zypressen
oder auch unter Palmen oder in den Orangenhainen
zu verbilligten Preisen Sonnenuntergänge sehen,
die nicht ihresgleichen haben! Laßt uns die
unbeantworteten Briefe an das Gestern vergessen!
Die Zeit tut Wunder. Kommt sie uns aber unrecht,
mit dem Pochen der Schuld: wir sind nicht zu
Hause.
Im Keller des Herzens, schlaflos, find ich mich
wieder
auf der Spreu des Hohns, im Herbstmanöver der
Zeit.

Inhalt

Die Band- und Seitenangaben beziehen sich auf: I. B., Werke in vier Bänden, München 1978 (Piper).

10 Jahre Serie Piper

Lust am Lesen
Lust am Denken

SP 1610.

SP 1650.

SP 1640.

SP 1630.

SP 1670.

SP 1660.

SERIE PIPER

»Hinter jeder Zeile, die sie geschrieben hat, steht ein Mensch, nicht viel stärker oder schwächer als der Leser selbst. Ingeborg Bachmann hat nach Musil, Schnitzler und Hofmannsthal ganz neue Dimensionen ausgelotet.« Hellmuth Jaesrich

Die Fähre
Erzählungen. 98 Seiten.
Serie Piper 1182

Der Fall Franza/
Requiem für
Fanny Goldman
192 Seiten. Serie Piper 1121

Simultan
Erzählungen.
211 Seiten. Serie Piper 1296

Anrufung
des Großen Bären
Gedichte. 79 Seiten.
Serie Piper 307

Liebe: Dunkler Erdteil
Gedichte aus den
Jahren 1942-1967.
61 Seiten. Serie Piper 330

Die gestundete Zeit
Gedichte. 63 Seiten.
Serie Piper 306

Das dreißigste Jahr
Erzählungen. 192 Seiten.
Serie Piper 1509